Autoren: Ilse Diehl, Markus Hederer

Acrylmalerei
für Einsteiger

Zeichnungen und Gemälde: Ilse Diehl, Dagmar Ropertz
Fotografien: Markus Hederer

Anleitung zu den beiliegenden Vorlagen:

Die Transparentvorlagen sind eine Hilfestellung für die ersten Schritte zum eigenen Bild. Jeder Maler sollte schrittweise seinen eigenen Strich entwickeln, dabei können die Vorlagen das Malen durch die 1:1-Größe etwas erleichtern. Hierbei geht es in erster Linie darum, ein Gefühl für die Form zu entwickeln, damit man später die Zeichnung frei Hand auf die Leinwand bringen kann.

Sie können das Vorlagenpapier auf folgende Weise verwenden:

– die Linien der Vorlage des Vorlagenpapiers mit einem weichen Bleistift nachzeichnen, die Vorlage umdrehen, auf den Malgrund legen und dann die Rückseite mit Bleistift schraffieren (dabei Druck ausüben), so dass sich die Linien durchpausen

– die Vorlage unter das Zeichenpapier legen und beides an ein sonnenbeschienenes Fenster kleben, so dass die Vorlage durchscheint und die Zeichnung durchpausen

www.tandem-verlag.de
© Tandem Verlag GmbH, Birkenstraße 10, 14469 Potsdam
Alle Rechte vorbehalten

Die Verwertung der Texte und Bilder, auch auszugsweise, ist ohne die Zustimmung des Verlages urheberrechtswidrig und strafbar. Dies gilt auch für Vervielfältigungen, Übersetzungen, Mikroverfilmung und für die Verarbeitung mit elektronischen Systemen.

Alle Angaben im Buch sind von den Autoren sorgfältig geprüft worden. Autoren und Verlag können jedoch keine Gewähr für eventuelle, z. B. durch Druckfehler entstandene, Fehlinformation übernehmen. Eine Haftung für eventuelle Nachteile oder Schäden, die aus den im Buch genannten praktischen Hinweisen resultieren, ist ausgeschlossen.

Autoren: Ilse Diehl und Markus Hederer, Mainz
Fachliche Beratung: Gerd Stegner, Mainz
Gemälde, Zeichnungen, Grafiken: Ilse Diehl, Mainz und Dagmar Ropertz, Ober-Olm
Fotografie: Markus Hederer, Mainz
Redaktion und Producing: Markus Hederer, Mainz
Lektorat: Karin Schulze-Langendorff, Hünstetten
Covergestaltung: Marlies Müller
Coverfoto: Corbis
Gestaltung und Herstellung: K.Design, Wiesbaden

ISBN 978-3-8427-0322-3

Gesamtherstellung: Tandem Verlag GmbH, Potsdam

Inhalt

① Materialien 5
    Acrylfarben 5
    Flüssig und pastos 6
    Acrylfarben aus Pigmenten 7
    Acrylfarbe selbst herstellen 8
    Malmittel 10
    Pinsel, Spachtel und Co. 11
    Pinsel für großflächigen Farbauftrag 12
    Pinsel für den normalen Farbauftrag 12
    Feine Pinsel 13
    Schutz für Rundpinsel 14
    Pinselproben 14
    Spachtel 15
    Schwämme 15
    Spachtel- und Schwammproben 15
    Malgründe 16
    Holz grundieren 17
    Paletten 17
    Hilfsmittel zum Rastern 18
    Staffelei 18
    Bleib sauber! 18

① Farbtheorie 19
    Die Primärfarben 19
    Die Sekundärfarben 19
    Komplementärfarben 20
    Die wichtigsten Farben für die Acrylmalerei 21
    Farben benennen 21
    Eine Farbmischtabelle erstellen 22
    Farbnuancen mischen 22
    Abtönen und Trüben 23
    Warme Farben 23
    Kalte Farben 23
    Farbwirkung und Farbbedeutung 24
    Lokal- und Erscheinungsfarbe 26
    Farbauftrag 26

② Ideen und Motive 27
    Motive finden 27
    Zweidimensional, dreidimensional 28
    Rastern 28
    Skizzen 30

③ Sujets und Themen 31
    Bildgegenstand 31
    Bildaussage 32

④ Mit Farben froh 33
    Zeit für Mal-Zeit 33
    Viel Farbe auf großer Fläche 33
    Farben kombinieren 34
    Akzente setzen 34
    Schritt für Schritt: Farben ohne Form 35
    Schritt für Schritt: Ein Bild in Rot 39
    Schritt für Schritt: Akzente in Blau 42

⑤ Stillleben 45
    Den Schwierigkeitsgrad selbst bestimmen 45
    Gegenstände mit Bedeutung 46
    Arrangieren und komponieren 46
    Kompositionsmöglichkeiten 47
    Spezial: Vorzeichnung 48
    Von Bleistift bis Pinsel 49
    Schritt für Schritt: Teller mit Trauben 50
    Schritt für Schritt: Ein Apfel 54
    Schritt für Schritt: Licht und Schatten ... 59
    Schritt für Schritt: Fünf Flaschen 63
    Schritt für Schritt: Korb mit Gemüse 68

⑥ Pflanzen 76

Es grünt so grün 76
Vielfalt der Formen 77
Alles bunt! 77
Spezial: Das Wichtigste zuerst! 78
Vom Vordergrund zum Hintergrund 78
Schritt für Schritt: Eine elegante Tulpe 80
Schritt für Schritt: Eine Sonnenblume 83
Schritt für Schritt: Bunte Blumenwiese 88
Spezial: Grüntöne 92
Aus Gelb und Blau 92
Aber auch Rot! 92
Schritt für Schritt: Trauerweide am See 94

⑦ Landschaft 100

Von der Nebensache zum Bildgegenstand 100
Ein breiter Fächer 101
Spezial: Wolken 102
Farben, Technik, Formen 102
Schritt für Schritt: Dramatischer Himmel 104
Schritt für Schritt: Warm und kalt 108
Schritt für Schritt: Irische Seenlandschaft 112
Schritt für Schritt: Landschaft monochrom ... 115

⑧ Architektur 118

Perspektive 118
Fluchtpunkte 118
Bildgestaltung 119
Schritt für Schritt: Ein Fluchpunkt 120
Schritt für Schritt: Zwei Fluchtpunkte 124
Schritt für Schritt: Gasse in Menton 128

⑨ Urlaubserinnerungen 131

Von Bild zu Bild 131
Schritt für Schritt: Sonnenuntergang 132
Schritt für Schritt: Das Boot 136
Schritt für Schritt: Bucht in der Ägäis 140

⑩ Figuren 144

Proportion und Kanon 144
Vom Scheitel bis zur Sohle 145
Im Sitzen kürzer 145
Schritt für Schritt: Vier Freunde 146
Schritt für Schritt: Der Afrikaner 149
Schritt für Schritt: Eine Marktszene 152

⑪ Tiere 156

Hund, Katze, Maus 156
Schritt für Schritt: Eine Katze 157
Schritt für Schritt: Drei Elefanten 162

⑫ Keilrahmen 166

Vor und nach dem Kauf 166
Keilrahmen aufhängen 167
Komposition mit Keilrahmen 168
Orange, Gelb, Rot 168
Schritt für Schritt: Das Muschelnest 170

⑬ Experimente 174

Fundstücke 174
Schritt für Schritt: Wandobjekt 175

Materialien

Für die Acrylmalerei werden gerade zum Einstieg nicht viele Arbeitsmittel benötigt: Mit ein paar Farben, einem Pinsel, einem Malgrund und einem Glas Wasser sind Sie schon dabei. Auf den folgenden Seiten stellen wir Ihnen die Grundausrüstung vor.

Wie Sie Farben, Pinsel und Co. bestmöglich anwenden, erfahren Sie ausführlich in den weiteren Kapiteln. Es ist wichtig, das Material und seine Eigenschaften, Zubehör und Hilfsmittel zu kennen, um alle gewünschten Effekte erzielen zu können.

ACRYLFARBEN

Willkommen in der bunten Welt der Acrylfarben! Sie besitzen noch keinerlei Vorkenntnisse in Sachen Malerei? Dann haben Sie mit Acrylfarben die richtige Wahl getroffen! Sie sind unkompliziert in der Anwendung, einfach und sauber zu verarbeiten, flexibel, wasserfest und strapazierfähig. Und durch Üben und Experimentieren lernen Sie deren Eigenschaften am besten kennen. Zudem haften Acrylfarben sehr gut auf allen möglichen Oberflächen: auf Stoffen, Papieren, Pappen, Hartfaserplatten, Holz und Kunststoff und nahezu auf jedem Bildträger und jedem dekorfähigen Objekt. Sie sehen schon: Ihrer Fantasie sind keine Grenzen gesetzt.

Arcrylfarben werden in verschiedenen Behältern angeboten, und zwar in Tuben, in Kunststoffflaschen und in Kunststofftöpfen. Zudem gibt es unterschiedliche Qualitäten der Pigmentierung, also der Höhe des Farbanteils. Man unterscheidet höchstwertige Künstler- von hochwertigen Akademie- oder Studiofarben.

Materialien

FLÜSSIG UND PASTOS

Acrylfarben gibt es nicht nur in verschiedenen Behältern und Pigmentierungen, sondern auch in unterschiedlichen Konsistenzen. Man unterscheidet flüssige Farben, meist in Kunststoffflaschen verpackt, die durch leichten Druck herausfließen, von solchen, die in sogenannter pastoser Form angeboten werden. Sie gibt es in der Regel in Tuben oder in besonders fester Struktur (ähnlich einer Creme oder einem Gel) in Kunststofftöpfen.

Flüssige Farben verarbeiten Sie meistens mit dem Pinsel, während pastose Farben oft mit dem Spachtel aufgetragen werden. Dazwischen ist alles möglich. Dies gilt erst recht, weil Sie alle Konsistenzen ohne Probleme miteinander mischen können.

Tipp
Beachten Sie, dass pastose Farben länger brauchen, bis sie trocknen. Das ist einerseits von Bedeutung, wenn Sie die nächste Farbschicht aufbringen möchten, damit sich keine ungewollten Mischungen ergeben. Andererseits sollten Sie Ihr Bild bis zum Trocknen so lagern, dass die Farbe nicht unbeabsichtigt verlaufen kann.

Flüssige Farben drücken Sie aus der Kunststoffflasche heraus. Um sie erst einmal aufzunehmen und zum Mischen vorzubereiten, eignen sich Paletten mit Vertiefungen ganz hervorragend. Auf diese Weise geraten keine Farben ungewollt durcheinander. Als Alternative dienen kleine Joghurtbecher, Partyteller aus Kunststoff oder Ähnliches.

Pastose Farben heben Sie mit dem Spachtel aus dem Kunststofftopf heraus und mischen sie entweder auf einer Palette oder direkt auf dem Malgrund.

Acrylfarben aller Arten bieten den großen Vorteil, dass sie ohne Ausnahme miteinander gemischt werden können – unabhängig von Qualität, Pigmentierung und Konsistenz.

Materialien

ACRYLFARBEN AUS PIGMENTEN

Pigmente sind Farbmittel, entweder organischen oder anorganischen Ursprungs. Im Gegensatz zu Farbstoffen sind Pigmente nicht löslich und benötigen deshalb ein Bindemittel, beispielsweise Öl oder Acrylharz. Organische Pigmente werden aus Pflanzen oder Tieren gewonnen, anorganische aus Erde, Mineralien und Metallen. Pigmente, die wir heute zum Malen benutzen, werden fast ausnahmslos künstlich (synthetisch) hergestellt. Unabhängig von der Art des Ursprungs oder der Herstellung werden Pigmente in Form von feinem Pulver angeboten. Zusammen mit etwas Acrylbinder können Sie Ihre Farben ohne Schwierigkeiten auch selbst herstellen. Um Sie noch näher an das Thema Farben heranzuführen, zeigen wir Ihnen auf den Seiten 8 und 9, wie es am besten funktioniert.

Pflanzenfarben werden beispielsweise aus Rote Beete, japanischen Blaualgen, wildem Safran und Brennnesseln hergestellt. Diese natürlichen Extrakte bringen eine brillante Farbigkeit hervor, sind jedoch nicht in allen Fällen lichtecht.

Neben natürlichen Pigmenten gibt es auch solche, die synthetisch hergestellt werden, und zwar durch chemische Prozesse. Dazu gehören beispielsweise auch Pigmente in reinem Weiß (hier Titanweiß) oder Effektpigmente, die je nach Lichteinfall wechselnde Farbnuancen erzeugen.

Verschiedene Pigmente auf einen Blick: drei Erdpigmente auf der rechten Seite, Pigmente in Blau, Gelb, Rot, Grün und Violett, synthetisch hergestellt, sowie drei Pflanzenfarben, zwei davon auf der linken Seite.

Materialien

ACRYLFARBEN SELBST HERSTELLEN

Damit aus den verschiedenen Pigmenten verwendungsfähige Acrylfarben werden, müssen Sie sie in einem passenden Behälter mit einem Bindemittel mischen und auf diese Weise zu einer Farbe verrühren. Dazu benötigen Sie das von Ihnen ausgewählte Pigment, Acrylbinder, Mörser und Pistill (Stampfer) und eventuell Verdicker. Halten Sie außerdem zum Aufbewahren der Farbe entweder eine Leertube oder einen luftdicht verschließbaren Behälter bereit. Zum Herauslösen der Farbmasse ist ein Spachtel oder ein Miniteigschaber empfehlenswert. Nun gehen Sie Schritt für Schritt folgendermaßen vor.

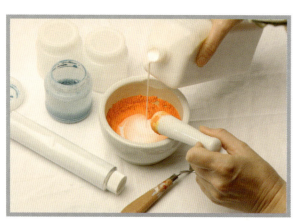

1 Geben Sie in den Mörser Pigment und Acrylbinder etwa im Verhältnis 1:1.

2 Rühren Sie mit dem Pistill die Masse zu einem glatten Teig.

Materialien

3 Falls die Farbe zu flüssig geworden ist, geben Sie entweder mehr Pigment dazu, wenn Sie die Farbintensität erhalten wollen, oder etwas Verdicker. Durch den Verdicker wird die Farbe transparenter und schließlich pastos.

4 Nun füllen Sie die fertig angerührte Farbe in eine Tube oder einen luftdicht verschließbaren Behälter. Die Zugabe einer dünnen Schicht Wasser vor dem Verschließen verhindert das Eintrocknen.

5 Wenn die Tube gefüllt ist, biegen Sie deren Rand mehrmals um. Danach können Sie ihr die Farbe wieder in angemessenen Portionen entnehmen.

● Materialien

MALMITTEL

Klassische Malmittel dienen dazu, die Farbe auf eine gewisse Art und Weise zu verändern: sie zu verdünnen – beispielsweise mit Wasser –, sie zu verdicken, um sie pastoser zu machen, die Trocknungszeit mit Verzögerer zu verlängern und vieles mehr.

Zusätzlich gibt es Malmittel, die durch Beimischung zur Farbe oder späteren Auftrag verschiedenste Effekte hervorbringen: Die Farbe wirkt glänzender, rauer, bekommt Leuchteffekte, sie glimmert und glitzert, ihre Transparenz wird erhöht, sie wird matter und und und. Diese Malmittel nennt man Effektspachtelmassen. Sie finden zudem häufig Verwendung in der modernen experimentellen Malerei, wenn es gilt, Objekte wie Fäden, Papierstreifen oder Muscheln mit ins Bild einzuarbeiten.

1 Vorher – nachher: hier ein Malmittel, das transparent und glänzend auftrocknet.

2 Glatte Spachtelmasse wurde mit der Farbe gemischt, dünner Farbauftrag in Orange, um die Strukturen hervorzuheben.

3 Extra raue Spachtelmasse. Zusätzlich zum Farbauftrag wurde die Spachtelmasse mit der Farbe gemischt und aufgetragen.

4 Gel mit Goldglimmer wurde auf die Farbe aufgetragen.

5 Extra-Heavy-Gel pastos auf die Farbe aufgetragen.

Malmittel und deren Wirkungen und Effekte

Malmittel	Anwendung / Effekt
Verzögerer (Retarder)	Verhindert das zu schnelle Trocknen der Farbe und ermöglicht ein längeres Arbeiten mit der aktuellen Farbe. So können Farbverläufe leichter hergestellt werden.
Verdicker	Macht aus flüssiger Farbe pastosere, körperhaftere Farbe für einen dickeren Auftrag.
Malmittel transparent, glänzend auftrocknend	Das Malmittel wird mit der Farbe gemischt. Die Farbe wird glänzender.
Malmittel pastos, weiß auftrocknend	Malmittel wird mit der Farbe gemischt. Die Farbe wird glänzender.
Malmittel matt auftrocknend	Malmittel wird mit der Farbe gemischt. Die Farbe wird mattiert.
Glatte Spachtelmasse	Pastoser, körperhafter Auftrag, Oberfläche glatt bis glänzend, modellierfähig.
Raue Spachtelmasse	Pastoser, körperhafter Auftrag Oberfläche rau, modellierfähig.
Extra raue Spachtelmasse	Pastoser, körperhafter Auftrag Oberfläche sehr rau, modellierfähig.
Gel mit Goldglimmer	Pastoser, leicht körperhafter Auftrag, Oberfläche glänzend und glitzernd.
Gel mit Hologrammglitter	Pastoser, leicht körperhafter Auftrag, Oberfläche glänzend und glitzernd.
Glanzlack	Glatter Auftrag mit Pinsel, Farboberfläche glänzt.
Extra-Heavy-Gel	Pastoser, leicht körperhafter Auftrag, Farboberfläche glänzt mit Struktur.

Materialien

Pinsel, Spachtel und Co.

Malerei fängt dort an, wo Farbe auf einen Malgrund aufgetragen wird. In der Acrylmalerei bedient man sich zu diesem Zwecke diverser Hilfsmittel. Zu ihnen gehört natürlich in erster Linie der Pinsel als klassisches Malgerät. Doch damit nicht genug: Schon die unterschiedliche Konsistenz einzelner Farben macht weitere Werkzeuge sinnvoll und notwendig. Dazu gehören Spachtel in den verschiedensten Ausführungen sowie allerlei Schwämme bis hin zu Variationen von Fensterputzgeräten, wenn es experimentell zugeht. Und von den eigenen zehn Fingern ganz zu schweigen, die sich zum Farbauftrag natürlich auch bestens eignen.

Vielfältig sind die Werkzeuge für den Farbauftrag in der Acrylmalerei. Neben den klassischen Pinseln kommen auch Spachtel, Schwämme und sogar Haushaltsgeräte zum Einsatz.

Materialien

PINSEL FÜR GROSS-FLÄCHIGEN FARBAUFTRAG

Im Wesentlichen drei Anlässe gibt es in der Acrylmalerei für das Verwenden von Pinseln, mit denen man recht schnell eine Fläche mit Farbe füllen kann:

1. ein erster Farbauftrag zum Anlegen eines Bildes (Seite 35 ff.),
2. ein Abtönen des Malgrundes in einer Farbe (Imprimitura),
3. experimentelles und expressionistisches Malen.

Die für den großflächigen Farbauftrag verwendeten Pinsel sind entweder sehr breit oder kräftig rund mit vielen Borsten.

PINSEL FÜR DEN NORMALEN FARBAUFTRAG

Hier kommen fast ausschließlich Flachpinsel zum Einsatz. Die Pinselhaare bestehen entweder aus Borsten oder, speziell für die Acrylmalerei, aus Polyamidfasern wie Nylon oder Perlon. Wichtig ist in jedem Fall der lange Stiel, denn für den richtigen Schwung hat ein langer Hebel Vorteile. Außerdem ist es damit leichter, einen angemessenen Abstand zum Malgrund zu halten. Diese Pinsel sind universell für alle Farbaufträge einsetzbar – und für jede Farbkonsistenz.

Flachpinsel mittlerer Größe mit langem Stiel sind universell einsetzbar und das am meisten gebrauchte Werkzeug.

Materialien

FEINE PINSEL

Feine Rundpinsel sind vor allem wichtig für das sogenannte Finish – also den letzten Farbauftrag – Lichter, feine Linien, Verästelungen und vieles mehr. Und auch wenn Sie zu Beginn Ihrer Tätigkeit als Malerin oder Maler noch nicht daran denken sollten – zum Signieren Ihrer Bilder gibt es kein besseres Werkzeug.

Der Malpinsel ist eine der ältesten Werkzeugerfindungen des Menschen – nicht nur für den künstlerischen Ausdruck, sondern auch und vor allem für handwerkliche Technik.

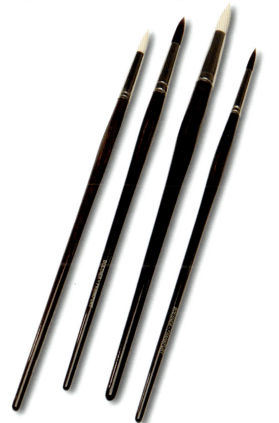

Feine Pinsel sind in der Regel rund und haben eine elegant auslaufende Spitze.

Aus den angebotenen Pinseln sollten Sie sich ein Grundsortiment zulegen. Dazu gehören auf alle Fälle Flachpinsel der Größen 20, 16, 12, 10, 8 und 6 mm sowie Rundpinsel in den Größen 20, 8 sowie ein „gröberes" Exemplar (links).

Materialien

SCHUTZ FÜR RUNDPINSEL

Achten Sie beim Kauf eines Rundpinsels auf das Vorhandensein einer Schutzhülle aus Kunststoff, die Sie nach dem Trocknen immer wieder über den Pinselkopf schieben. So bleibt die Form erhalten und das wertvolle Werkzeug bereitet Ihnen lange Zeit viel Freude.

Das regelmäßige Verwenden der mitgelieferten Schutzhülle hält Ihre Rundpinsel in Form.

Empfehlung
Achten Sie stets darauf, Ihre Pinsel nach dem Gebrauch gründlich mit Wasser und eventuell etwas Seifenlauge oder Pinselreiniger zu säubern und dessen Haare mit den Fingern in die ursprüngliche Form zu bringen.

Lagern Sie die Pinsel zum Trocknen flach, damit kein Wasser in den Schaft eindringen kann.

PINSELPROBEN

Um sich mit Farben und Pinseln schon ein wenig vertraut zu machen, sollten Sie beide in verschiedenen Kombinationen ausprobieren. Als Malgrund verwenden Sie zunächst einen einfachen Acrylmalblock. Auf diese Weise erfahren Sie, welche Menge Farbe mit welchem Pinsel wie wirkt und welche Möglichkeiten Sie beispielsweise haben, wenn Sie mit einem Pinsel nicht nur eine Linie ziehen, sondern auch einmal tupfen. So bekommen Sie bereits ein gutes Gespür für die unterschiedlichsten Anwendungsmöglichkeiten.

Probieren Sie die verschiedensten Pinselformen aus, wobei die Wahl der Farbe erst einmal keine Rolle spielt. Variieren Sie aber in jedem Fall die Menge des der Farbe beigemischten Wassers, um die Wirkung verschiedener Farbkonsistenzen kennenzulernen.

Materialien

SPACHTEL

Neben den Pinseln sind Spachtel die am meisten benutzten Werkzeuge für den Farbauftrag. Es gibt sogar Künstler, die gar keinen Pinsel verwenden, sondern sich ganz auf die flachen Helfer verlassen.

Spachtel gibt es in mehrerlei Ausführungen. In der Acrylmalerei kommen vor allem Modelle aus Kunststoff und aus Gummi zum Einsatz, neben den traditionellen Werkzeugen aus Metall mit Holzgriff. Achten Sie bei Letzteren auf gute Qualität, die nicht rostet.

Mit dem Spachtel lassen sich besonders gut Strukturpasten und pastose Farben auftragen. Mit ihnen sind eigentümliche Effekte möglich, die besonders reizvoll wirken.

Spachtel auf einen Blick: ein Modell aus Gummi, drei aus gelbem Kunststoff und viele verschiedene aus Metall mit Holzgriff.

Schwämme sind vielseitig verwendbar – auch in der Malerei. Und sogar ein Haushaltsschwamm ist nicht nur in den heimischen Töpfen zu gebrauchen.

SCHWÄMME

Schwämme können Sie für einen großflächigen Farbauftrag verwenden, um Farben gezielt zu verwischen und damit einen beabsichtigten Effekt zu erzielen, und zum Tupfen verschiedener Muster.

Zum Einsatz kommen Naturschwämme und Haushaltsschwämme aller Art.

SPACHTEL- UND SCHWAMMPROBEN

Um sich mit den Spachteln und Schwämmen und ihren Wirkungen vertraut zu machen, verfahren Sie wie zuvor mit den Farben und Pinseln: Auf einem einfachen Acrylmalblock tragen Sie mit verschiedenen der flachen Werkzeuge pastose Farben, unterschiedliche Spachtelmassen und mit dem Schwamm auch normale Acrylfarben in allerlei Varianten auf.

Während Spachtel für den kräftigen Farb- und Massenauftrag geeignet sind, kommen Effekte mit dem Schwamm eher zart daher.

○ Materialien

MALGRÜNDE

Gründe zu malen gibt es viele – und auch bei den Malgründen sind der Fantasie im Grunde keine Grenzen gesetzt. Unter Malgrund versteht man das, worauf gemalt wird. Eigentlich ist jede Fläche ein Malgrund, viele Hauswände mussten das schon leidvoll erfahren. Für den Einstieg in die Acrylmalerei bieten sich natürlich erst einmal konventionelle Untergründe an. Zu ihnen gehören
- der Acrylmalblock,
- Malpappen,
- Keilrahmen,
- Holz.

Malpappen sind in der Regel mit Baumwollstoff kaschiert und bereits grundiert. Sie können direkt darauf arbeiten und sie dazu auf eine Staffelei stellen. Bei Formen und Größen gibt es ein reichhaltiges Angebot.

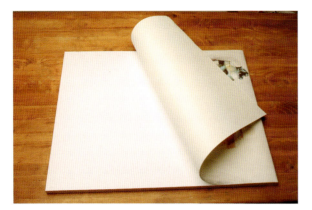

Der Acrylmalblock, den es in verschiedensten Größen gibt, zeichnet sich durch die Verwendung von sehr kräftigem Papier aus. Es wellt sich sogar bei starker Feuchtigkeit kaum. Die Blätter sind miteinander verleimt, damit sie sich nicht verziehen können. Nach dem Trocknen eines Bildes kann es leicht vom Block gelöst werden.

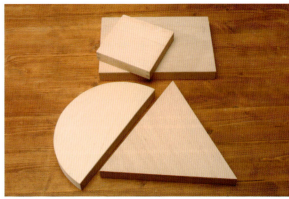

Holz ist einer der ältesten und traditionsreichsten Malgründe. Durch neue Formen attraktiv geworden, hat der Malgrund Holz seit geraumer Zeit eine Renaissance erlebt. Kästen als Dreiecke, Halbkreise, Rechtecke und Quadrate sind schön und wirken wertvoll.

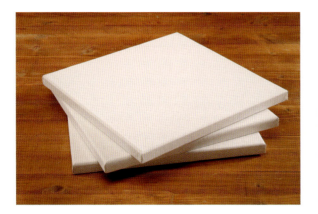

Keilrahmen gehören zu den beliebtesten Malgründen. Ihre Formen- und Größenvielfalt ist unerreicht und sie bieten den Vorteil, dass Sie Ihr Werk nach der Vollendung ohne Rahmen direkt aufhängen und präsentieren können.

Materialien

HOLZ GRUNDIEREN

Je nach Malgrund, sei es Leinwand, Baumwolle oder Holz, ist es notwendig, vor dem Farbeinsatz eine Grundierung aufzutragen. Damit vermeiden Sie, dass der Malgrund zu viel Farbe aufnimmt und Ihnen das Arbeiten unnötig schwer macht. Ein heller Untergrund erhöht zudem die Leuchtkraft der Farben und wirkt sich so positiv auf die Gesamtwirkung des Bildes aus. Eine gute Grundierung erhöht darüber hinaus die Haltbarkeit eines Werkes.

Am Beispiel eines Malgrundes aus Holz zeigen wir Ihnen, wie Sie eine Grundierung auftragen. Verwenden Sie für Acrylbilder Dispersionsfarbe in Weiß für den Außenanstrich. Tragen Sie die Farbe in zwei dünnen Schichten mit einem breiten Flachpinsel gleichmäßig auf. Achten Sie vor dem zweiten Auftrag darauf, dass die erste Schicht getrocknet ist.

> **Tipp**
> Für eine besonders feine Grundierung schleifen Sie die erste Schicht nach dem Trocknen mit feinem Schleifpapier ab, bringen die zweite Schicht auf und schleifen Sie nach dem Trocknen ebenfalls.

Tragen Sie zum Grundieren von Holz Dispersionsfarbe in Weiß gleichmäßig in zwei dünnen Schichten auf.

PALETTEN

Bevor Farbe auf den Malgrund aufgetragen wird, ist es oft zweckmäßig, sie vorher zu mischen, um den gewünschten Farbton zu erzielen. Hierfür haben Handwerker und Künstler seit Jahrhunderten die Palette im Gebrauch, eine Platte, auf der genau das möglich ist. Es gibt sie heutzutage in allerlei Ausführungen. Von Vorteil ist es auf jeden Fall, wenn die Palette die gleiche Farbe hat wie der Malgrund. Das spricht in den meisten Fällen für eine Palette in Weiß. Für die Acrylmalerei sind zudem Paletten mit eingearbeiteten Vertiefungen sinnvoll, um die zum Teil flüssigen Farben sicher verarbeiten zu können.

> **Empfehlung**
> Sie haben weder Palette noch Partyteller zur Hand? Kein Problem: Umwickeln Sie einen Haushaltsteller mit Alufolie und mischen Sie Ihre Farben darauf. Und das Gute daran: Nach dem Ende der Mal-Session lassen Sie die Farbreste trocknen und entsorgen sie mitsamt der Folie.

Ein Teller, etwas Alufolie – und alles ist Paletti!

Eine Farbpalette aus Kunststoff mit Vertiefungen ist für flüssige Farben am besten geeignet. Pastose Farben lassen sich auf Abreißpaletten gut verarbeiten. Cellophanierte Partyteller sind eine günstige Alternative.

Materialien

Hilfsmittel zum Rastern

Wenn Sie eine Bildvorlage als Motiv verwenden wollen, ist es möglich, deren Umrisse mithilfe eines Rasters proportional richtig auf Ihren Malgrund zu übertragen. Wie das im Detail funktioniert, beschreiben wir auf Seite 28 und 29. Das Material, das Sie dazu brauchen, besteht aus einem Blatt Papier, Lineal oder Maßband, Bindfaden, Schere und Kreppband.

Hilfsmittel zum Rastern
auf einen Blick.

Staffelei

Eine Staffelei erleichtert das Arbeiten an einem Bild. Sie können es in Höhe und Neigung so abstützen, dass es für Ihre jeweilige Arbeitsweise bestmöglich platziert ist. Auf diese Weise sind mögliche Verzerrungen durch eine zu große Differenz zwischen der Bildebene und dem Motiv nahezu ausgeschlossen.

Staffeleien gibt es in vielerlei Größen und Preislagen. Orientieren Sie sich beim Kauf in erster Linie an der Größe der Bildträger, die Sie bemalen wollen. Ein zweiter wichtiger Aspekt ist die optimale Stabilität. Um sie zu gewährleisten, sollten Sie getrost etwas investieren.

Staffelei aus Holz,
*die Bildformate
bis 1,20 m sicher trägt.*

Bleib sauber!

Acrylfarbe trocknet schnell – oft zu schnell! Ein Fleck auf dem Teppich, der guten Hose oder der attraktiven Bluse geht, einmal getrocknet, schlicht nicht mehr heraus. Da gibt es nur eines: Vorbeugen! Schützen Sie sich, Ihre Kleidung und Ihre Räume vor Farbflecken, indem Sie Ihren Arbeitsplatz gut abdecken und Arbeitskleidung statt des kleinen Schwarzen tragen. Frische Flecken auf glatten Untergründen können Sie mit einer Küchenrolle schnell entfernen. Auf Stoffen hilft nur rasches Auswaschen mit Wasser.

Kleine Helfer *gegen große Flecken: Arbeitskleidung, Abdeckfolie und Haushaltspapier.*

Farbtheorie

Die Anzahl unterschiedlicher Farben scheint unendlich zu sein. Alle bunten Farben lassen sich jedoch auf die drei **Primärfarben Gelb, Cyan und Magenta** zurückführen. Wenn zwei von ihnen miteinander gemischt werden, entsteht eine **Sekundärfarbe**. Um jedoch wirklich alle Farben herstellen zu können, braucht man auch die sogenannten unbunten Farben **Schwarz und Weiß**. Durch Probieren erfahren Sie, welche Farben durch welche Mischungen entstehen, und erstellen sich Ihre eigene Farbpalette.

DIE PRIMÄRFARBEN

Die drei Primärfarben sind Gelb, Cyan und Magenta. Sie zeichnen sich durch absolute Reinheit aus. Das bedeutet, Gelb enthält nur Gelb und keine Spur einer anderen Farbe. Das gilt genauso für Cyan, ein reines Blau, wie für Magenta, das ein reiner Rotton ist. Durch Mischung in entsprechenden Anteilen können Sie aus den drei Primärfarben im Grunde alle anderen bunten Farben herstellen.

Die drei Primärfarben *Gelb, Cyan und Magenta.*

Durch Mischung zweier Primärfarben *entsteht jeweils eine Sekundärfarbe. Gelb und Cyan ergeben Grün, Gelb und Magenta werden zu Rotorange und Cyan und Magenta mischen sich zu Blauviolett.*

DIE SEKUNDÄRFARBEN

Sekundärfarben entstehen aus der Mischung zweier Primärfarben im Verhältnis 50 : 50. Gelb und Cyan ergeben Grün, Gelb und Magenta werden zu Rotorange und Cyan und Magenta mischen sich zu Blauviolett. Wenn Sie das Mischungsverhältnis verändern, verändern sich auch die Farbnuancen der Sekundärfarben. Mit Sekundärfarben können Sie also schon ein breites Spektrum verschiedenster Farben abdecken. Um das auszuprobieren und ein gutes Gefühl für Farbmischungen zu bekommen, sollten Sie sich die Primärfarben zulegen und dann nach Herzenslust miteinander verbinden.

Probieren Sie das Herstellen *von Sekundärfarben in verschiedenen Varianten aus, um ein gutes Gefühl für Farbmischungen zu bekommen.*

1 Farbtheorie

KOMPLEMENTÄRFARBEN

In der Farbtheorie gibt es einen weiteren wichtigen Begriff: den der Komplementärfarbe. Im Farbkreis aus Primär- und Sekundärfarben sind die Sekundärfarben, die einer Primärfarbe gegenüberliegen, deren Komplementärfarbe. Die Sekundärfarbe Grün ist also die Komplementärfarbe der Primärfarbe Magenta, Rotorange ist die Komplementärfarbe von Cyan und Blauviolett ist die Komplementärfarbe von Gelb.

Diese zunächst einmal theoretische Erkenntnis findet aber auch in der Praxis der Malerei durchaus Anwendung. Denn wenn es darum geht, Farben zum Leuchten zu bringen und/oder einen größtmöglichen Kontrast zu erzielen, dann ist das Nebeneinanderauftragen zweier Komplementärfarben ein probates Mittel. Und dies gilt nicht nur für die Primär- und exakt 50:50 gemischten Sekundärfarben, sondern für den gesamten Farbkreis in allen Abstufungen: Die Komplementärfarbe einer zweiten finden Sie, wenn Sie eine Gerade durch den Kreismittelpunkt legen, auf deren gegenüberliegenden Seite.

Und übrigens: Wenn Sie zwei Komplementärfarben miteinander mischen, bekommen Sie als Ergebnis warme Braun- und Grautöne.

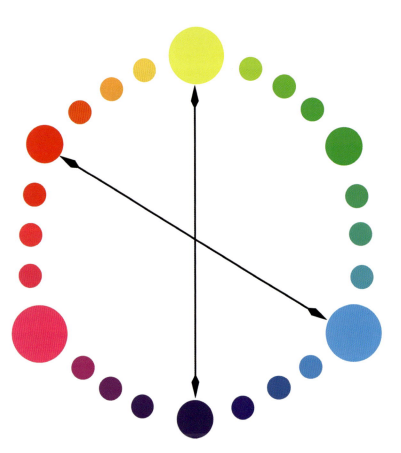

Tipp
Auf der Suche nach einer Komplementärfarbe haben Sie auch Erfolg, wenn Sie eine Farbe großflächig genug auf Papier aufmalen, das Ergebnis vor eine weiße Wand halten und etwa zwei Minuten die aufgetragene Farbe fixieren. Wenn Sie dann das Papier wegziehen und auf den weißen Hintergrund der Wand blicken, sehen Sie dort die Komplementärfarbe, die Sie suchen.

Ein Farbkreis mit den Primärfarben Gelb, Cyan und Magenta sowie den Sekundär- und Komplementärfarben. Wenn Sie zwei Primärfarben im Verhältnis 50:50 mischen, entsteht daraus immer die Komplementärfarbe der dritten Primärfarbe. Und: Die Komplementärfarbe einer Komplementärfarbe wiederum finden Sie im Farbkreis stets, wenn Sie eine Gerade durch den Kreismittelpunkt legen, auf deren gegenüberliegenden Seite.

Farben wirken und leuchten dann besonders, wenn Sie neben ihrer Komplementärfarbe aufgetragen werden. Beispielsweise wirkt Rotorange in einem Cyan/Blau-Umfeld am meisten und intensivsten.

Farbtheorie

DIE WICHTIGSTEN FARBEN FÜR DIE ACRYLMALEREI

Mal Hand aufs Herz: Es gibt wohl keinen Maler, der seine Farben nur aus den drei bunten Primärfarben und den unbunten Farben Schwarz und Weiß mischt. Das wäre nicht gerade praktisch. Zumal es ja zahlreiche fertige Farben gibt, aus denen Sie sich die am meisten verwendeten ohne Probleme mischen können. Der Rückgriff auf fertige Acrylfarben hat zusätzlich den Vorteil, dass Sie, wenn Ihnen leuchtende Farben besonders gut gefallen, gleich auf beispielsweise ein kräftiges Orange zugreifen können, das von eigener Hand gemischt gerne etwas schmutzig wirkt. Sie werden bald sehen, dass Sie sich, nach einigen Erfahrungen, auf eine Zusammenstellung von Grundfarben „einschießen", aus denen Sie Ihre persönliche Farbpalette aufbauen. Für Einsteiger stellen wir Ihnen nun eine Farbgrundausstattung für Acrylmalerei vor.

Dazu noch eine Anmerkung: Die drei Primärfarben Gelb, Cyan und Magenta, wie sie in der Farbtheorie vorgestellt wurden, stammen aus der Welt der Computer und sind in der Praxis der Malerei noch lange nicht verbreitet. Als Primärfarben für Ihre Acrylmalerei sollten Sie viel eher Kadmiumgelb hell oder Chromgelb und dazu Ultramarinblau und Zinnoberrot verwenden. Deren Leuchtkraft bleibt bislang unübertroffen.

FARBEN BENENNEN

Die Farben, die wir Ihnen hier zeigen und die Sie selbstverständlich kaufen können, sind eine empfehlenswerte Grundausstattung für die Acrylmalerei. Es handelt sich um

- *Titanweiß*
- *Kadmiumgelb hell*
- *Zinnoberrot*
- *Krapprot dunkel*
- *Ultramarinblau*
- *Preußischblau*
- *Chromoxidgrün feurig*
- *Umbra natur*
- *Terra di Siena gebrannt*
- *Lichter Ocker*
- *Schwarz*

1 Farbtheorie

Eine Farbmischtabelle erstellen

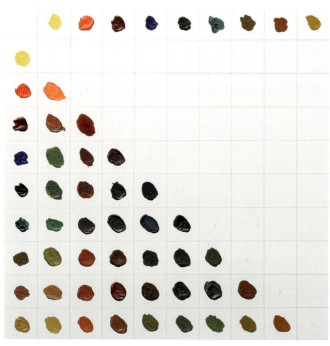

In einer ersten Übung zum Mischen von Farben legen Sie auf einem Acrylmalblock ein gleichmäßiges Raster aus Quadraten an, auf dem Sie Ihre elf Farben am Rande sowohl vertikal als auch horizontal in je ein Kästchen auftragen. Nun beginnen Sie, die bunten Farben vertikal von oben nach unten mit denen in der Horizontalen von links nach rechts, beispielsweise auf einer Farbpalette oder einem Teller mit aufgespannter Alufolie, etwa im Verhältnis 50:50 zu mischen, am besten mit einem Pinsel. Das Ergebnis tragen Sie dann in das entsprechende „Überschneidungsfeld" ein. So erhalten Sie eine Sammlung von Farbmischungen in Form eines Dreiecks – Ihre erste Farbmischtabelle. Sie zeigt Ihnen, welche Farbnuancen durch das Mischen der Farben Ihrer Grundausstattung möglich sind.

Eine Mischtabelle *aus den Farben der Grundausstattung. Mischen Sie sich aus Ihren Farben eine individuelle Farbmischtabelle.*

Farbnuancen mischen

Farben im Verhältnis 50:50 zu mischen ist nur eine Möglichkeit. Aus zwei Farben können Sie aber durch das Verändern des Mischungsverhältnisses viele weitere Nuancen herstellen. Beispiel Zinnoberrot und Ultramarinblau: Aus einem Violett der 50:50-Mischung verändert sich der Farbton, je mehr Blau die Mischung enthält, zu einem immer stärker werdenden Blauviolett. Je größer der Rot-Anteil der Mischung, desto mehr verschiebt sich die neue Farbe zum Rotviolett. Probieren Sie das Mischen von Farbnuancen mit allen Ihren Farben in verschiedensten Kombinationen aus, um allerlei Erfahrungen damit zu machen!

Farbmischung aus Kadmiumgelb und Ultramarinblau. *Dem Gelb ganz links wurde in sieben Stufen immer mehr Blau dazugegeben. Das Feld ganz rechts ist 100 Prozent Ultramarinblau.*

Farbtheorie

ABTÖNEN UND TRÜBEN

Neben dem Mischen zweier bunter Farben sind das sogenannte Abtönen mit Weiß und das Trüben mit Schwarz zwei weitere wichtige Methoden, wenn es gilt, eine beabsichtigte Farbmischung herzustellen. Gleich vorweg: Legen Sie sich auch dazu durch Ausprobieren verschiedenste Tabellen an.

Und so funktioniert es: Tragen Sie eine Farbe in der Mitte der Skala auf. Zum Abtönen geben Sie immer mehr Weiß dazu – der Farbton wird heller, bis hin zum Weiß. Sie trüben die Farbe durch die Zugabe von Schwarz. Der Farbton wird dunkler, bis hin zum Schwarz.

Sie sehen schon: Mithilfe des Mischens von Farbnuancen und des Abtönens und Trübes können Sie eine enorme Bandbreite aller nur denkbaren Farben erzeugen und Ihre Fantasie ohne Einschränkung ausleben.

> **Empfehlung**
> *Warme und kalte Farben können einen enormen Einfluss auf die Grundstimmung eines Bildes haben. Vor allem in der Landschaftsmalerei spielt das eine wichtige Rolle.*

Abtönen und Trüben von Zinnoberrot: *Der Farbe in der Mitte der Skala wurde auf der linken Seite immer mehr Weiß beigemischt, auf der rechten immer mehr Schwarz.*

WARME FARBEN

Zu den so genannten warmen Farben gehören alle Rottöne über das Orange bis hin zum Gelb und über Rotviolett, Braun bis hin zum Ocker. Sie werden gemischt aus allen rotfarbenen und gelben Tönen des Farbkreises. Um warme Töne zu nuancieren, kann aus dem Bereich der kalten Farben Blau hinzugemischt werden. Abtönen und Trüben spielen genauso eine wichtige Rolle.

Warme Farben, *zusammengestellt und gemischt aus den auf Seite 21 empfohlenen elf Acrylmalfarben.*

KALTE FARBEN

Zu den so genannten kalten Farben gehören alle Blautöne über das Türkis bis hin zum Grün. Sie werden gemischt aus allen cyanfarbenen und gelben Tönen des Farbkreises. Um kalte Töne zu nuancieren, kann aus dem Bereich der warmen Farben Rot hinzugemischt werden. So entsteht beispielsweise aus der richtigen Mischung von Blau und Rot ein kaltes Violett. Abtönen und Trüben tragen wie bei den warmen Farben zum Vergrößern des Farbrepertoires bei.

Kalte Farben, *zusammengestellt und gemischt aus den auf Seite 21 empfohlenen elf Farben für Einsteiger.*

1 Farbtheorie

FARBWIRKUNG UND FARBBEDEUTUNG

Neben den verschiedenen Wirkungen, die Farben haben können, sind sie seit jeher auch Träger unterschiedlichster Bedeutungen. In der Regel fließen Farben, vom Künstler verwendet, ohne weiteres Zutun richtig in ein Bild ein. Auf der anderen Seite kann es aber von Vorteil sein, die Attribute zu kennen, die einer Farbe zugeordnet werden, und sie von Zeit zu Zeit bewusst einzusetzen. Dazu stellen wir Ihnen nun die wichtigsten Farben und die Eigenschaften vor, die gemeinhin mit ihnen verbunden werden.

Blau ist kühl. Es ist die Farbe des Himmels und des Meeres und transportiert Ruhe, Vertrauen, Friede, Pflichttreue, Schönheit und Sehnsucht.
Blau steht aber auch für Traumtänzerei, Kälte, Nachlässigkeit und Melancholie.

Gelb ist die Farbe der Sonne. Sie vermittelt Licht, Heiterkeit und Freude und steht für Wissen, Weisheit, Vernunft und Logik.
Schmutzige Gelbtöne tragen negative Assoziationen wie Krankheit, Täuschung, Rachsucht, Eifersucht, Gefahr, Pessimismus, Egoismus, Geiz und Neid.

Violett ist eine würdevolle Farbe. Mit ihr verbindet man Inspiration, Magie, Mystik und Kunst. Sie gilt als außergewöhnlich und extravagant und steht zudem in Verbindung mit Frömmigkeit, Opferbereitschaft und Buße.
Negative Wirkungen des Violett sind Stolz, Arroganz und Unmoral.

Grün ist die Farbe der Vegetation, der Wiesen und Wälder. Grün beruhigt und steht für Großzügigkeit, Sicherheit, Harmonie, Normalität, Hoffnung und Erneuerung des Lebens.
Sie trägt aber auch negative Bedeutungen wie Neid, Gleichgültigkeit, Stagnation und Müdigkeit.

Cyan, auch Türkis genannt, ist die frische Farbe des Meeres an einem strahlenden Tag. Mit ihr werden Wachheit, Bewusstheit, geistige Offenheit und Klarheit verbunden.
Auf der anderen Seite kann Cyan sehr kühl und distanziert wirken und ein Gefühl von Leere hervorrufen.

Farbtheorie

Magenta ist sanft und bedeutet Idealismus, Dankbarkeit, Engagement, Ordnung und Mitgefühl.
Snobismus, Arroganz und Dominanz kommen allerdings auch mit Magenta einher.

Weiß wie Eis und Schnee ... Reinheit, Klarheit, Unschuld und Erhabenheit kommen mit Weiß daher, dazu Friede, Leichtigkeit und Sauberkeit.
Weiß ist andererseits auch unnahbar, steht für kühle Reserviertheit, Verletzlichkeit, Sterilität und Kapitulation.

Rot ist die Farbe des Feuers. Sie erregt Aufmerksamkeit, ist voller Vitalität und Energie, steht für Liebe und Leidenschaft und Sexualität.
Rot ist auch aggressiv und aufwühlend, bedeutet Wut, Zorn, Brutalität, Blut, Krieg und ist nicht zuletzt die Farbe des Teufels.

Grau ist ein wolkenverhangener Himmel an einem trüben Tag. Vollkommene Neutralität, Vorsicht, Zurückhaltung, Kompromissbereitschaft, Würde und Hingabe stehen mit Grau in enger Verbindung.
Grau fällt kaum auf und wirkt gelegentlich langweilig und eintönig. Unsicherheit und Depression sind grau, genauso wie die Verwirrung und der Verfall.

Orange ist die Farbe der untergehenden Sonne und Symbol für Optimismus und Lebensfreude. Orange ist ein Signal für Aufgeschlossenheit, Kontaktfreude, Jugendlichkeit, Gesundheit und Selbstvertrauen.
Leichtlebigkeit, Aufdringlichkeit und Ausschweifung werden auch über das Orange transportiert.

Schwarz ist dunkel, ohne Licht, die Farbe der Nacht. Sie bedeutet Trauer, Unergründlichkeit, Unabänderlichkeit, Furcht und Geheimnis, dazu Angst, Leere, Verschwiegenheit und Tod.
Schwarz wirkt aber auch würdevoll und steht für Ansehen und Feierlichkeit.

1 Farbtheorie

LOKAL- UND ERSCHEINUNGSFARBE

Unter Lokalfarbe versteht man per Definition die Farbe, die den reinen Farbton trägt – ohne Beeinflussung von Licht und Schatten und ohne Beimischung von Schwarz und Weiß. Andererseits ist die Lokalfarbe die Farbe, die ein Objekt wirklich hat. Eine Tomate ist rot, eine Banane ist gelb, der Himmel ist blau, ein Blatt ist grün, eine Orange ist orange etc. So malen beispielsweise Kinder ihre Bilder, indem sie typischen Dingen typische Farben zuordnen.

In der naturalistischen Malerei dagegen spielt die Lokalfarbe eine untergeordnete Rolle. Viel wichtiger ist hier die sogenannte Erscheinungsfarbe, also die Farbe, in der ein Gegenstand, eine Figur, ein Teil einer Landschaft usw. dem Maler erscheint. Sie hängt sehr stark von den Bedingungen ab, vor allem vom Einfall des Lichtes und der Art und Weise, wie es reflektiert wird. Das Bild eines Bachlaufs (unten links) veranschaulicht die verschiedenen Erscheinungsfarben des Wassers.

Andererseits wird die Erscheinungsfarbe auch von der direkten Umgebung beeinflusst. Wenn beispielsweise eine Banane neben einer Tomate liegt, dann erscheint ein Teil der Tomate durch die Reflexion der Farbe Gelb Orange, derweil die Banane durch die Reflexion der Farbe Rot teilweise ins Orange wechselt. In diesem Fall wird die Erscheinungsfarbe durch eine Reflexionsfarbe beeinflusst.

FARBAUFTRAG

Von der Theorie kehren wir nun langsam, aber sicher zurück zur Praxis. Schon auf Seite 6 haben wir Ihnen Farben in verschiedenen Konsistenzen vorgestellt – flüssig und pastos. Durch diese unterschiedlichen Konsistenzen sind Farbaufträge in vielerlei Art und Weise möglich, mit denen Sie zahlreiche interessante und attraktive Effekte erzielen können.

Man unterscheidet Farbaufträge in
- pastos,
- deckend,
- lasierend.

Ein pastoser Farbauftrag wirkt körperhafter, etwas gröber und bietet leichter die Möglichkeit, Gegenstände einzuarbeiten. Deckende Farbaufträge werden wohl am häufigsten eingesetzt und kommen der klassischen Malerei mit Öl am nächsten. Der lasierende Farbauftrag ist recht zart und ähnelt der Aquarelltechnik, hat aber den Vorteil, dass die Farben lichtechter und vor allem wischfest sind.

Pastose Farbaufträge werden meistens mit dem Spachtel in die Tat umgesetzt, aber auch ein Pinsel ist dafür verwendbar. Für deckende Farbaufträge wird in der Regel ein Pinsel benutzt, es kann aber auch ein Spachtel sein. Für den lasierenden Farbauftrag empfiehlt sich der Pinsel oder ein Schwamm.

Verschiedene Erscheinungsfarben des Wassers eines Bachlaufs, abhängig vom Einfall des Lichtes und der Art und Weise, wie es reflektiert wird. Links sind die einzelnen Erscheinungsfarben noch einmal herausgelöst.

Verschiedene Farbaufträge mit Zinnoberrot: pastos, deckend und lasierend.

Ideen und Motive

Sie haben Lust aufs Malen. Und Motive gibt es wie Sand am Meer. Nur: Welche sind für Sie geeignet und was passt am besten zu Ihrer Art und Weise, an die Dinge heranzugehen? Ganz wichtig: Halten Sie die Augen offen und sammeln Sie alles, was Sie sehen, Sie interessiert und Ihnen als Motiv geeignet erscheint. Das können Bildvorlagen sein, aber auch ein Stein oder eine Muschel, die Sie am Strand auflesen, später abmalen, mithilfe einer Spachtelmasse ins Bild einfügen oder sich davon in anderer Weise inspirieren lassen.

MOTIVE FINDEN

Das Wort Motiv steht in engem Zusammenhang mit dem Begriff der Motivation, dem Beweggrund. Ein Motiv ist demnach immer auch ein Beweggrund, ein Bild zu malen, etwas, das einen anspricht, inspiriert – motiviert. Der naheliegendste Grund zu malen ist mit Sicherheit, etwas abzubilden, was einem selbst gefällt, etwas, mit dem man sich künstlerisch beschäftigen kann.

Auf der Suche nach geeigneten Motiven für Ihre Bilder werden Sie rasch fündig, wenn Sie Bücher durchblättern – beispielsweise Bildbände – Ihre selbstgemachten Fotos anschauen, Postkarten durchstöbern, Plakate betrachten oder schlicht durch die Natur oder einen malerischen Ort streifen.

> **Tipp**
> *Eröffnen Sie eine Ideensammlung, in die Sie all das hineinpacken, was Ihnen so nach und nach über den Weg läuft. Dazu können Sie sich eine Mappe oder auch einen Ordner anlegen für Notizen, Fotos, Skizzen, Zeitungs- und Zeitschriftenausschnitte und vieles mehr.*

Viele gute Vorlagen für Ihre Bilder finden Sie in Ihrer nächsten Umgebung. Bücher, Postkarten, eigene Fotos bieten eine Menge Malstoff.

2 Ideen und Motive

ZWEIDIMENSIONAL, DREIDIMENSIONAL

Ein Bild zu malen bedeutet normalerweise, es in Länge mal Breite auf einen Bildträger aufzutragen. Das Ergebnis ist in aller Regel zweidimensional. Daraus lässt sich leicht schließen: Vor allem zweidimensionale Vorlagen sind zum Einstieg in die Malerei am besten geeignet.

Bevor Sie sich also daranmachen, komplizierte räumliche (dreidimensionale) Arrangements auf die Leinwand zu bannen, beginnen Sie lieber mit Vorlagen in Länge mal Breite: Bildern aus Büchern, Fotos, Postkarten etc., wie oben bereits beschrieben. Weil aber Vorlage und Bildträger in den wenigsten Fällen gleich dimensioniert sind, braucht man eine Methode, mit der die Bildinhalte proportional richtig übertragen werden können. Zu diesem Zweck hat sich seit Jahrhunderten das sogenannte Rastern bewährt.

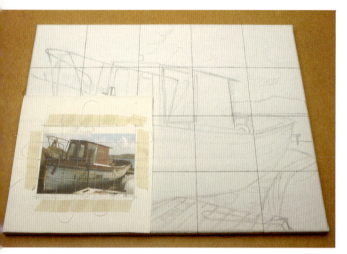

Mithilfe des Rasterns übertragen Sie eine Bildvorlage proportional richtig auf einen Malgrund.

RASTERN

Die Methode des Rasterns zum Übertragen von Bildinhalten verfolgt zwei Ziele:
1. Ein Motiv, das Sie ausgewählt haben, darauf zu prüfen, ob es in entsprechender Vergrößerung direkt dem vorhandenen Malgrund entspricht. Dies ist dann der Fall, wenn die Diagonale des Malgrundes mit der der Vorlage identisch ist. Es kann aber auch sein, dass die Diagonale durch die Vorlage flacher oder steiler verläuft als die des Malgrundes. In beiden Fällen können Sie durch Hinzufügen oder Weglassen von Bildinhalten die Vorlage dem Malgrund anpassen.

Beispiel 1

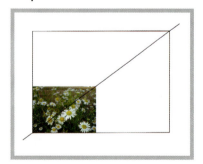

Die Diagonalen der Bildvorlage und des Malgrundes sind identisch; die Vorlage kann so direkt übertragen werden.

Beispiel 2

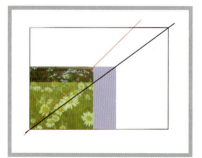

Die Diagonale der Bildvorlage verläuft steiler. Sie können zum Ausgleich entweder durch Weglassen von Motivteilen die Höhe verringern oder in der Breite Motivteile hinzufügen.

Beispiel 3

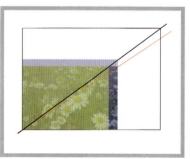

Die Diagonale der Bildvorlage verläuft flacher. Sie können zum Ausgleich entweder durch Weglassen von Motivteilen die Breite verringern oder in der Höhe Motivteile hinzufügen.

Ideen und Motive

2. Wenn die Proportionen von Vorlage und Malgrund schließlich übereinstimmen, rastern Sie die Bildvorlage einerseits und den Malgrund andererseits im selben Verhältnis. Im Anschluss übertragen Sie die Bildinhalte aus den einzelnen Rasterfeldern der Vorlage auf die entsprechenden des Malgrundes und können auf diese Weise die Proportionen der Inhalte zueinander einhalten.

Nun zeigen wir Ihnen Schritt für Schritt, wie Sie mit einer Schere, Fäden (Garn), einem Lineal, einem Bleistift und etwas Kreppband eine Vorlage, in diesem Fall ein Foto, auf den Bildträger übertragen.

1 Um prüfen zu können, ob der von Ihnen gewählte Ausschnitt der Vorlage – in seinen Proportionen entsprechend vergrößert – auf den Malgrund passt, spannen Sie einen Faden diagonal von rechts oben nach links unten über den Bildträger.
Befestigen Sie den Faden an den Ecken mit etwas Kreppband.

2 Nun legen Sie Ihre Vorlage so in die linke untere Ecke des Malgrunds, dass die Ränder abschließen. In diesem Fall ist die Vorlage nicht hoch genug und soll durch Vergrößern des oberen und unteren Motivteils erweitert werden. Mit einem Lineal messen Sie dazu den Abstand vom unteren Bildrand bis zur entsprechenden Stelle entlang der Diagonalen des Malgrundes; dieses Maß entspricht der Höhe der erweiterten Vorlage, die Breite der Vorlage ist ja bereits bekannt.

3 Übertragen Sie die Maße der erweiterten Vorlage auf ein Stück Papier und schneiden Sie sie aus.
Nachdem Sie Ihre Vorlage auf das Papier geklebt haben, skizzieren Sie mit wenigen Strichen die Motiverweiterungen hinzu.

4 Nun kleben Sie die erweiterte Vorlage auf ein größeres Stück Papier. Unterteilen Sie deren Länge und Breite in regelmäßige Abschnitte (z. B. 20 cm in 5 Abschnitte á 4 cm = Divisor 5) und markieren Sie mit Bleistift. Zum Einteilen der Raster legen Sie nun die Fäden vertikal und horizontal auf und fixieren Sie mit Kreppband.

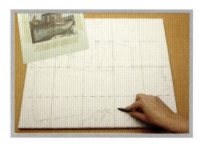

5 Teilen Sie die Hoch- und die Breitseiten Ihres Malgrundes durch den gleichen Divisor wie die erweiterte Vorlage und markieren Sie die Stellen mit Bleistift.

6 Zum Einteilen der Raster legen Sie die Fäden vertikal und horizontal auf und fixieren sie mit Kreppband.

7 Übertragen Sie nun die Inhalte der Rasterfelder Ihrer Vorlage proportional in das entsprechende Rasterfeld auf dem Malgrund. So entsteht eine Vorzeichnung.

2 Ideen und Motive

SKIZZEN

Nach einer dreidimensionalen Vorlage, quasi aus dem Leben gegriffen, direkt zu malen ist reichlich schwierig. Zudem: Wer hat schon zu jeder Gelegenheit seine Malutensilien dabei, wenn gerade ein interessantes Motiv auftaucht? Dann ist eine Skizze hilfreich, mit der Sie einerseits Bilder, die Sie später einmal malen wollen, rasch mit ein paar Strichen auf den Block bannen. Andererseits: So machen Sie aus der dreidimensionalen gleich wieder eine zweidimensionale Vorlage, die Sie aus den bekannten Gründen leichter in ein Bild umsetzen können.

Szene auf einem Wochenmarkt in einer türkischen Kleinstadt. Die beiden Männer sind ins Gespräch vertieft, derweil sie auf Kunden warten. Mit dem Graphitstift wurde zudem das Angebot im Vordergrund recht detailliert festgehalten. Marktschirme im Hintergrund, einige Stände sowie angedeutete Personen vervollständigen die Skizze.

Die Skizze zeigt ein Architekturstück, in diesem Fall einen Bahnhof in einer deutschen Großstadt. Sie ist entstanden auf Makulaturpapier, auf das zuvor etwas Acrylfarbe aufgetragen wurde. Verwendet wurde ein Filzstift, mit dem die Struktur des Gebäudes, die Bewegung der vorbeieilenden Menschen und der ruhenden Elemente rasch erfasst wurden.

Aus drei bei einem Floristen erstandenen Schnittblumen, dabei handelt es sich um Ranunkeln, sowie einer mit Wasser gefüllten Glasvase ist diese Skizze entstanden. Die Elemente wurden mit Kohle auf Skizzenpapier aufgetragen. Dabei wurde der Lichteinfall von rechts oben beachtet, um auch im später ausgearbeiteten Bild eine räumliche Wirkung zu erzielen.

Sujets und Themen

Gründe, Bilder zu malen, gibt es viele – und (Bild-) Motive noch viel mehr. Weil es den Menschen aber nach Ordnung drängt, hat er – vor allem in der Gestalt des Kunsthistorikers – natürlich auch die Ergebnisse der Malerei in Ordnungssysteme eingeteilt. Dabei kamen sozusagen zwei Schränke mit verschiedenen Schubladen heraus: Schrank 1 – das Sujet, mit Schubladen wie Landschaft, Stillleben und Architektur, sowie Schrank 2 – das Thema, mit beispielsweise den Schubladen Mythologie, Natur oder Politik.

BILDGEGENSTAND

Die Antwort auf die Frage „Was zeigt das Bild?" ist eines der wichtigsten Kriterien, nach denen Bilder geordnet werden. Es geht also um den Gegenstand des Bildes, dessen Subjekt, französisch „Sujet".

Bekannte und bedeutende Sujets sind Landschaft, Figur, Pflanze(n), Tier(e), Stillleben und Architektur. In jeder dieser Schubladen befinden sich aber obendrein einzelne, sagen wir mal, Kärtchen, auf denen je eine weitere Unterteilung steht. Exemplarisch für Pflanzen nennen wir an dieser Stelle „Botanische Studie", „Blumenstück", „Gartenstück", „Gemüse".

Im Idealfall lässt sich das Sujet eines Bildes klar benennen. Nicht selten aber sind die Grenzen auch fließend. So zum Beispiel, wenn Tiere in einer herrlichen Landschaft unterwegs sind.

Mehr zu den einzelnen Sujets und deren Untergruppen erfahren Sie ab Seite 45.

Elefanten unterwegs in einer atemberaubenden Landschaft in Afrika. Hier verschwimmen die Grenzen zweier Sujets, und zwar „Tiere" und „Landschaft".

Empfehlung

Ordnungssysteme sind dazu da, (sich) einen Überblick zu verschaffen, sie dienen der Orientierung. Für den Maler und seine Kreativität sind sie zunächst einmal nicht bindend. Es gibt also keinen Grund, beispielsweise „in ein Sujet hineinzumalen" oder sich gar voreilig auf eines festzulegen. Bleiben Sie deshalb vielseitig, bis Sie Ihren Stil gefunden haben.

3 Sujets und Themen

Diese Tulpe lässt sich eindeutig dem Sujet „Pflanze" zuordnen und ist ein Motiv aus der Untergruppe „Blumenstück".

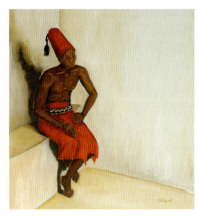

Das Sujet „Figur" ist eine besondere Herausforderung für jeden Maler. Es gilt, die Proportionen des menschlichen Körpers zu erfassen und richtig abzubilden – eine der schwierigeren Aufgaben.

Ein einfaches Stillleben, zusammengestellt aus den Elementen Teller und Früchte. Die Komposition des Bildes spielt im Stillleben eine besondere Rolle; wenige Elemente sind dabei für den Einsteiger am besten geeignet.

Herrliche Gegenden wie diese gibt es im Südwesten Irlands. Das Sujet „Landschaft" gehört zu den beliebtesten „Gegenständen", die in der Malerei vorkommen – womöglich ein Ausdruck der Verbundenheit des Menschen mit der Natur.

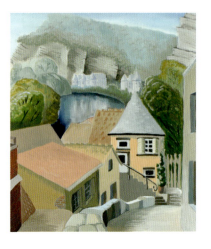

Die Sujets „Architektur" und „Landschaft" auf einem Bild. La Roque Gageac ist eines jener im Wortsinne malerischen Dörfer im Südwesten Frankreichs, aufgereiht entlang der Dordogne, in einer aufregenden Flusslandschaft.

BILDAUSSAGE

Eine zweite wichtige Art und Weise, Inhalte von Bildern in Rubriken einzuteilen, ist die Unterscheidung nach Themen oder die Antwort auf die Frage: „Was sagt das Bild aus?" Typische Themen in der Malerei sind Religion, Krieg, Soziales, Mythologie, Geschichte, Sport, Technik, Natur, Künste, Wissenschaft, Politik. Wer ein erkennbares Thema zum Inhalt seines Bildes macht, will damit in aller Regel eine Botschaft transportieren. Dies geschieht im Übrigen in den meisten Fällen wieder mithilfe eines Sujets, eines Bildgegenstandes.

Keine Frage: Die Einteilung nach Sujets ist für den Einsteiger in die Malerei bestimmt hilfreicher als die nach Themen. Es bedarf schon einer Menge Können, um im Sinne eines Themas auf den Punkt zu kommen. Aber was nicht ist, kann ja bald werden.

Mit Farben froh

Zwar haben wir Ihnen auf den vergangenen Seiten typische Bildgegenstände vorgestellt, sogenannte Sujets. Bevor Sie sich aber davon einschränken lassen, schlagen wir einen etwas anderen Einstieg in die Acrylmalerei vor: Wir lassen Farben wirken und jegliche Gegenständlichkeit außen vor. Also: Keine Angst vor der weißen Leinwand – es gibt ja Farbe! Großzügig aufgetragen mit Pinsel, Schwamm und Spachtel, können Sie sehr leicht attraktive und dekorative Bilder herstellen. Und damit sind Sie in bester Gesellschaft!

ZEIT FÜR MAL-ZEIT

Endlich geht es los mit der Malerei. Aber überstürzen Sie nichts, sondern bereiten Sie Ihren Arbeitsplatz gut vor. Decken Sie Tisch und Boden gegen Farbspritzer ab. Tragen Sie bequeme Kleidung, die getrost einen Fleck abbekommen darf und nicht mehr für den Ausgeh-Abend vorgesehen ist. Richten Sie anschließend das Material her, das Sie verwenden wollen. Dazu gehören auf alle Fälle Farben, Pinsel, Palette, ein Glas Wasser und ein Lappen zum Abstreifen der Pinsel. Zusätzlich leistet eine Rolle Küchentücher hervorragende Dienste. Je nachdem, ob Sie auf der Staffelei oder auf dem Tisch malen, platzieren Sie dort den von Ihnen gewählten Malgrund.

Bestens vorbereitet: Farben, Pinsel, Palette, ein Glas Wasser – und nicht zuletzt ein Lappen.

Schwungvoller Farbauftrag mit breitem Pinsel und Kadmiumgelb, dem ein wenig Wasser beigemischt wurde.

VIEL FARBE AUF GROSSER FLÄCHE

Es gibt keinen Grund, vor der weißen Leinwand ins Grübeln zu kommen. Starten Sie in die Acrylmalerei, indem Sie großzügig und großflächig Farben auftragen. Nehmen Sie eine Ihrer Lieblingsfarben, womöglich mit etwas Wasser verdünnt, dazu einen breiten Flachpinsel – und schon machen Sie sich daran, die Leinwand mit dem Farbton Ihrer Wahl zu bedecken.

Arbeiten Sie schwungvoll und mit großen Bewegungen. Das macht Laune, denn Sie brauchen sich nicht um Formen oder andere Details zu kümmern. Und Sie bekommen zusätzlich jede Menge Gespür für die Materialien, mit denen Sie umgehen. Sie werden sehen: Im Handumdrehen ist der Malgrund mit Farbe bedeckt und das erste Bild im Grunde fertig.

4 Mit Farben froh

> **Empfehlung**
>
> In der Malerei gibt es einen wichtigen Satz, der vor allem denen hilft, die gerne an ihrem Tun zweifeln. Er lautet: „Jedes Bild ist in jeder Phase seiner Entstehung fertig."
> Der Volksmund sagt dazu: „Weniger ist oft mehr."

Farben kombinieren

Ein großzügiger Farbauftrag muss sich nicht auf eine Farbe beschränken. Sie können auch gut und gerne zwei oder drei Farben verwenden, die gut zueinander passen, und sie lustvoll miteinander kombinieren.

Es muss auch nicht immer der Pinsel sein. Aus dem reichhaltigen Repertoire Ihrer Werkzeuge können Sie einen Haushaltsschwamm zur Hand nehmen, die Farben vorher mischen und dann mutig loslegen. Verteilen Sie die Farben nacheinander, beispielsweise wellenförmig, über den Malgrund, bis alle weißen Flächen bedeckt sind.

Ein Bild in Gelb – auch in diesem Stadium bereits fertig.

Mit einem Haushaltsschwamm tragen Sie zwei verschiedene Blautöne wellenförmig auf der Leinwand auf.

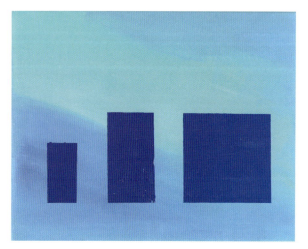

Rechtecke und Quadrate in passenden Farben sind ein wirkungsvoller Kontrast zum schwungvoll aufgetragenen Hintergrund.

Akzente setzen

Zwar ist jedes Bild in jeder Phase seiner Entstehung fertig, aber das muss niemanden davon abhalten, attraktive Akzente zu setzen. Warum nicht eine schwungvoll gemalte Farbfläche durch Formen und Farben kontrastieren? Zum schwungvoll Runden des ersten Farbauftrags sind geometrische Formen mit harten Kanten ein wirkungsvoller Kontrast. Sie können entstehen durch Abkleben der Flächen mit Kreppband, das nach dem Farbauftrag wieder abgezogen wird.

Also: Mit Mut zu viel Farbe auf großer Fläche und dabei der Fantasie freien Lauf gelassen entsteht ganz leicht ein attraktives Bild mit persönlicher Note.

Schritt für Schritt
Farben ohne Form

Im ersten Bild, das wir malen, kommt es uns nicht auf festgelegte Formen an, sondern auf die großzügige und großflächige Verwendung von Farbe. Grundlage ist ein deckender Farbauftrag mit einem breiten Pinsel. In der Folge werden eine zweite und eine dritte Farbe mithilfe eines Schwammes aufgetupft und verwischt. Eine Vorzeichnung ist nicht nötig, um das Bild anzulegen. **Strukturen durch Tupfen und Wischen sind nur zum Teil vorausgeplant.**

Material
Bespannter Keilrahmen 60 x 70 cm, Flachpinsel 80 mm, Naturschwamm, Glas Wasser, Baumwolltuch oder Haushaltspapier, die Farben Kadmiumgelb hell, Lichter Ocker und Zinnoberrot

Kadmiumgelb hell   Lichter Ocker   Zinnoberrot

1 Tragen Sie Kadmiumgelb auf Ihre Palette auf, tauchen Sie den Pinsel ins Wasser und verdünnen Sie damit die Farbe ein wenig. Beginnen Sie mit dem Farbauftrag von oben nach unten. Er soll zunächst eher dünn sein und geschieht insgesamt in mehreren Schichten.

4 Mit Farben froh

2 Führen Sie den Pinsel locker und großzügig mit Schwung über die Leinwand, um den Farbauftrag gleichmäßig gelingen zu lassen. Achten Sie darauf, den Malgrund komplett mit Farbe zu bedecken.

3 Lassen Sie den ersten Farbauftrag trocknen und fügen Sie, je nach Bedarf, einen zweiten und dritten hinzu. Ergebnis soll ein satter, gleichmäßiger Farbton sein.

4 Mischen Sie auf Ihrer Palette ins Kadmiumgelb etwas Lichter Ocker hinein und geben Sie dabei so viel Wasser dazu, dass die Farbe recht flüssig ist. Nehmen Sie sie mit einem angefeuchteten Naturschwamm auf und betupfen Sie damit die Leinwand.

Tipp
Sättigen Sie den Pinsel nicht komplett mit Farbe, sondern nehmen Sie sie nach und nach in kleineren Portionen auf. Das gewährleistet einen gleichmäßigen Farbauftrag.

5 Durch das Betupfen des Malgrundes von unten (mit mehr Farbe) nach oben (mit etwas weniger) ist ein Verlauf entstanden. Lassen Sie das Ergebnis trocknen.

Schritt für Schritt: Farben ohne Form

6 Mischen Sie nun Zinnoberrot zu Lichtem Ocker und Kadmiumgelb hinzu. Verwenden Sie kein weiteres Wasser. Die neue Farbe ist etwas weniger flüssig. Nehmen Sie sie mit einem angefeuchteten Naturschwamm auf und betupfen Sie damit die Leinwand.

Tipp
Treten Sie nach einer Wischaktion immer mal wieder ein paar Schritte zurück, um das Ergebnis zu betrachten und sich neu inspirieren zu lassen.

7 Verwischen Sie nun die noch feuchte Farbe mit dem Schwamm an von Ihnen ausgewählten Stellen, um dem Gesamtbild eine Zeichnung zu geben und zusätzliche Effekte zu erzielen.

8 In den oberen Bereichen des Malgrundes arbeiten Sie mit größerem und energischerem Schwung.

4 Mit Farben froh

9 Die helleren Stellen in der Mitte des Bildes sind entstanden, indem der Schwamm vor dem Wischen zunächst ausgewaschen und dann ausgewrungen wurde. Mit dieser Technik kann Farbe an ausgewählten Stellen wieder weggenommen werden. Ergebnis ist ein ausdrucksstarkes und dynamisches Bild aus drei Farben.

ZUSAMMENFASSUNG

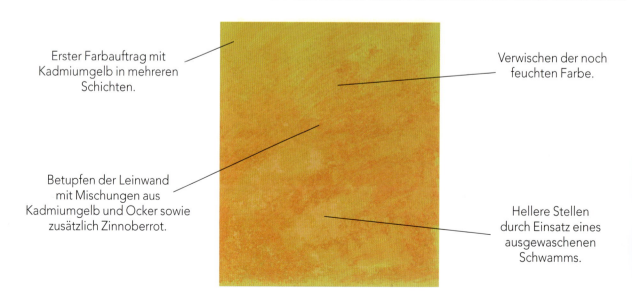

Erster Farbauftrag mit Kadmiumgelb in mehreren Schichten.

Verwischen der noch feuchten Farbe.

Betupfen der Leinwand mit Mischungen aus Kadmiumgelb und Ocker sowie zusätzlich Zinnoberrot.

Hellere Stellen durch Einsatz eines ausgewaschenen Schwamms.

Schritt für Schritt
Ein Bild in Rot

Farben, froh und satt, dominieren auch unser zweites Bild, das genauso wie „Farben ohne Form" keine bestimmten Gegenstände zum Inhalt hat. Im Unterschied zum ersten Bild bekommt aber hier schon der zweite, deckende Farbauftrag eine Struktur, die durch die Spuren des Pinsels entstehen. Horizontale und Vertikale bestimmen die Richtungen. Durch das Auftragen von dunklerem Rot und dessen Vermalen entstehen interessante Figuren, besser gesagt „Farbkörper".

Material
Bespannter Keilrahmen 50 x 50 cm, Flachpinsel 80 mm, 12 mm, Glas Wasser, Baumwolltuch oder Haushaltspapier, Palette, die Farben Zinnoberrot, Karmesinrot, Krapprot dunkel, Chromgelb

 Zinnoberrot

 Karmesinrot

 Krapprot dunkel

 Chromgelb

1 Tragen Sie Zinnoberrot auf Ihre Palette auf, tauchen Sie den Pinsel ins Wasser und verdünnen Sie damit die Farbe ein wenig. Beginnen Sie mit dem Farbauftrag von oben nach unten. Er soll zunächst eher dünn sein.

4 Mit Farben froh

2 Der zweite Farbauftrag mit dem 80-mm-Flachpinsel mit Zinnoberrot ist deckend. Linien, die durch den Pinselstrich entstehen, sind durchaus beabsichtigt.

3 Tragen Sie an manchen Stellen mit einem schmaleren Flachpinsel Karmesinrot deutlich pastoser auf.

4 Danach überstreichen Sie die Stellen wieder mit dem breiten Flachpinsel horizontal und vertikal. Je nach Richtung des Pinselstrichs entstehen verschwommene Figuren, die man auch als „Farbkörper" bezeichnen kann.

5 Brechen Sie das Karmesinrot, indem Sie noch dunkleres Krapprot auftragen. Hellere Stellen verstärken Sie durch den zusätzlichen Auftrag von Zinnoberrot.

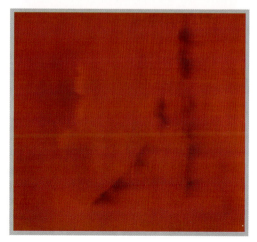

6 Vermalen Sie die Stellen wieder mit dem breiten Flachpinsel vertikal, horizontal, aber auch diagonal und erzielen Sie auf diese Weise noch mehr attraktive Effekte.

Tipp
Arbeiten Sie spätestens ab dem zweiten Farbauftrag „Nass in Nass" – vermeiden Sie also, dass die Farben trocknen, bevor Sie mit dem nächsten Auftrag beginnen.

Schritt für Schritt: Ein Bild in Rot

7 Tragen Sie mit einem schmaleren Flachpinsel Akzente mit Chromgelb und Zinnoberrot sehr pastos, um nicht zu sagen „dick" auf.

8 Die Kontraste im Bild entstehen durch die verschiedenen Farben, deren unterschiedliche Tonwerte sowie die Richtungen (horizontal, vertikal, diagonal) und die Art des Farbauftrags. Dunkle Farben treten in den Hintergrund, während helle Farben mehr auffallen. Der extrem pastose Farbauftrag verstärkt diese Wirkung zusätzlich.

ZUSAMMENFASSUNG

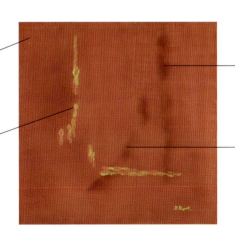

Zweiter Farbauftrag mit Zinnoberrot deckend. Durch den Pinselstrich entstehen Linien.

Akzente setzen mit Chromgelb und Zinnoberrot, sehr pastos aufgetragen.

Karmesinrot und Krapprot dunkel auftragen und horizontal und vertikal verstreichen.

Unterschiedliche Farbkörper bilden sich.

Schritt für Schritt
Akzente in Blau

Viel Farbe und große Linien sind auch die Grundlage des dritten Bildes aus der Reihe „Mit Farben froh". Wesentlicher Unterschied zu den beiden vorangegangenen Werken: Der erste Farbauftrag ist gleich deckend und zudem endgültig. Greifbare Formen spielen nun eine Rolle – einerseits Wellen in Hell-Dunkel beim ersten Farbauftrag und ganz prägnant durch das Hinzufügen der Akzente in dunklem Blau, deren harte Formen mit den Wellen kontrastieren.

Material
Bespannter Keilrahmen 50 x 40 cm, Haushaltsschwamm, Spachtel, Glas Wasser, Baumwolltuch oder Haushaltspapier, Palette, die Farben Preußischblau, Chromoxidgrün, Titanweiß und Ultramarinblau, Malmittel: glänzendes, pastoses Gel, Kreppband

 Preußischblau

 Chromoxidgrün feurig

 Titanweiß

 Ultramarinblau

1 Mischen Sie auf der Palette aus Preußischblau, Chromoxidgrün und viel Weiß ein Türkis. Tragen Sie die Farbe mit dem Haushaltsschwamm mit diagonalen Wischbewegungen leicht wellenförmig auf den Malgrund auf. Oben rechts und unten links lassen Sie genügend Raum frei.

Schritt für Schritt: Akzente in Blau

2 Fügen Sie nun der Farbmischung etwas Ultramarinblau hinzu und füllen Sie damit auf die gleiche Weise den oberen und unteren Raum des Malgrundes.

3 Der erste Farbauftrag ist fertig. Sehr schön sind die Hell-Dunkel-Kontraste der verschiedenen, in Wellenform aufgetragenen Blautöne.

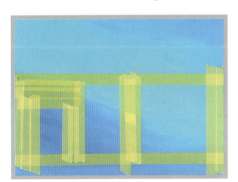

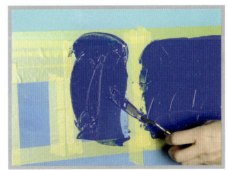

5 Mischen Sie auf der Palette Ultramarinblau und das Malmittel „glänzendes, pastoses Gel" etwa im Verhältnis 50:50. Nehmen Sie die Mischung auf einen Spachtel und verteilen Sie sie mit Streichbewegungen in den offenen Feldern.

4 Messen Sie die Felder aus, auf denen Sie die Akzente setzen wollen, und kleben Sie sie mit so viel Kreppband ab, dass die übrigen Bereiche des Bildes geschützt sind.

6 Durch die pastose Mischung ist der Auftrag recht körperhaft und durch die Streichbewegungen entstehen feine Reliefs.

4 Mit Farben froh

7 Ziehen Sie nun die Kreppband-Streifen nacheinander ab. Warten Sie damit nicht, bis die Farbe trocken ist, denn dann besteht die Gefahr, dass sie mit abreißt.

8 Mit einfachen Mitteln ist eine wunderschöne Symphonie in Blau entstanden. Deren Attraktivität lebt vom Kontrast der schwungvollen Grundierung mit den harten, prägnanten Linien der eckigen Akzente.

ZUSAMMENFASSUNG

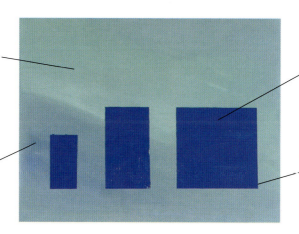

Erster Teil des großflächigen Farbauftrags mit Türkis wellenförmig in der Mitte des Bildes.

Zweiter Teil des großflächigen Farbauftrags mit einem dunkleren Blau oben und unten.

Akzente: pastoser Farbauftrag mit Spachtel.

Nach dem Abziehen des Kreppbandes bleiben exakte Linien.

Stillleben

5

Seitdem die Menschen begonnen haben, sich ein Bild zu machen, gehört die Darstellung „toter" Gegenstände zu den beliebtesten Motiven – und das schon seit dem Altertum. Im 17. und 18. Jahrhundert, in der Zeit des Barocks, stand das Stillleben in voller Blüte. „Gehalten" von strengen Kompositionsregeln, wurde es regelrecht kultiviert und bis zur höchsten Perfektion entwickelt.

Für Einsteiger in die Malerei ist das Stillleben sehr gut geeignet, um sich einer gegenständlichen Darstellung zu nähern.

Den Schwierigkeitsgrad selbst bestimmen

Die Gegenstände, die in einem Stillleben malerisch dargestellt werden, sind leblos und unbewegt. Manche waren früher lebendig (Obst, Gemüse, Tiere), andere nie (Flasche, Schale, Stuhl etc.). Zum Einstieg sind Stillleben deshalb so gut geeignet, weil der Maler selbst den Schwierigkeitsgrad bestimmen kann. Er beginnt im besten Fall mit einem Gegenstand, den er sozusagen von allen Seiten beleuchtet: ihn dreht und wendet, hin- und herschiebt, bis er das beste Motiv gefunden hat, bevor er die Sache zuerst skizziert und dann tatsächlich malt. Nach und nach, mit gestiegenem Können, ist es dann an der Zeit, mehrere Dinge zu interessanten Gruppen zu arrangieren.

Ein Stillleben aus fünf Flaschen in Zentralkomposition. Der Schwierigkeitsgrad ist hier schon ein wenig höher. Neben der Draufsicht auf die Flaschen ist bei zwei Exemplaren auch die Durchsicht dargestellt.

5 Stillleben

GEGENSTÄNDE MIT BEDEUTUNG

Gemalte Stillleben sind schon aus der Zeit der Griechen und Römer überliefert; die Bilder dienten vermutlich vor allem dekorativen Zwecken. Das Zeitalter des Barocks (1600 – 1790) gilt als die große Zeit des Stilllebens, als vor allem Maler aus Holland und Flandern das Sujet reichlich prägten. Ihr Anliegen war es, mit der Darstellung der Gegenstände eine symbolisch verschlüsselte Botschaft, einen gedanklichen Inhalt zu vermitteln. Beispielsweise galten zerbrochene Töpfe, Schalen und Gläser als Symbol für irdische Eitelkeit, derweil verlöschende Lichter von Öllampen oder Kerzen auf das Zerrinnen der Zeit und auf die unausweichliche ewige Dunkelheit im Tod hinwiesen. Trauben andererseits standen für Jesus Christus, das Ei war Symbol für die Auferstehung. Sakrale Inhalte bestimmten also die Botschaften, die mit den Gegenständen in den Bildern daherkamen, von denen es viele gab, viel mehr, als die hier genannten.

Seit etwa 1760 wurde aber auch das Stillleben von bedeutungsschwangerer Überfrachtung befreit. Im Vordergrund stand von nun an das Malen um des Malens, um der Ästhetik willen. Die Gegenstände wurden jetzt nur noch als Medium für Farben und Formen genutzt, die nun wieder die Hauptrolle spielten.

Kerze, Totenkopf, Musikinstrument, Muscheln sind typische Gegenstände, die in den Stillleben des Barocks Botschaften transportierten. Dieses Bild aus dem Jahr 2006 ist eine Übung, die sich an die alten Meister anlehnt.

ARRANGIEREN UND KOMPONIEREN

Egal in welcher Epoche sie entstanden, war für perfekte Stillleben stets derselbe Aspekt von herausragender Bedeutung: das Einhalten von Kompositionsregeln. Bei den niederländischen Malern ab etwa 1600 beispielsweise mussten die Bestandteile eines Stilllebens immer eine Senkrechte, eine Waagerechte und eine in den Raum reichende Raumachse bilden.

Kompositionsmöglichkeiten gibt es viele. Das Wort komponieren stammt übrigens aus dem Lateinischen. „Componere" bedeutet „zusammenfügen, zusammenstellen". In der Malerei gilt es, die Elemente eines Bildes so zusammenzustellen, dass eine Harmonie entsteht, die Platzierung eines Elementes oder das Arrangement von mehreren attraktiv ist; es geht um Spannung und Ausgleich.

> **Empfehlung**
> Um sich mit Komposition vertraut zu machen, ist es empfehlenswert, die Bilder alter Meister zu studieren, sich, beispielsweise im Museum, Stillleben zu betrachten, sie zu skizzieren und deren Bildaufbau in eigene Werke zu übertragen.

Ein Apfel, platziert auf zwei Tüchern, die wiederum auf einem Tisch liegen. Das Hauptmotiv befindet sich im Goldenen Schnitt, was dem Bild eine besondere Spannung verleiht.

Stillleben

KOMPOSITIONSMÖGLICHKEITEN

Zunächst einmal: Kompositionsregeln gelten nicht nur für Stillleben, sondern für jedes Bild. Es ist allerdings auch richtig, dass die Komposition im Sujet Stillleben eine besondere Rolle spielt.

Wir wollen Ihnen an dieser Stelle die wichtigsten Arten des Komponierens vorstellen.
- Zentralkomposition: Das Hauptmotiv ist in der Bildmitte angeordnet.
- Dreieckskomposition: Das Hauptmotiv oder die Elemente bilden ein Dreieck.
- Goldener Schnitt: Der Goldene Schnitt entsteht dort, wo sich eine horizontale und eine vertikale Gerade kreuzen, die jeweils nach etwa zwei Dritteln der Fläche gezogen wurden.

Diese drei Möglichkeiten sind die wichtigsten, aber beileibe nicht alle. Gegenstände passend nebeneinander aufgereiht (Reihenkomposition) können genauso attraktiv wirken wie eine gelungene Verteilung (Verteilungskomposition).

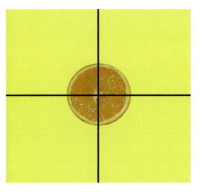

Zentralkomposition. *Das Hauptmotiv befindet sich in der Bildmitte. Das strahlt Ruhe aus, kann aber auch langweilig wirken.*

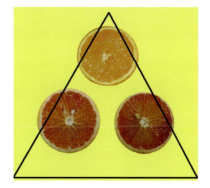

Dreieckskomposition. *Das Hauptmotiv oder die Elemente des Bildes bilden ein Dreieck. Diese Art der Komposition war in sakralen Darstellungen weit verbreitet.*

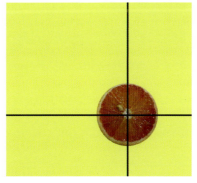

Goldener Schnitt. *Er befindet sich theoretisch an vier Stellen eines Bildes, nämlich dort, wo sich Geraden kreuzen, die jeweils die Höhe oder die Breite mal 0,618 markieren. Auf oder nahe bei einem der vier Schnittpunkte platziert man das Hauptmotiv oder den größeren Teil der Bildelemente.*

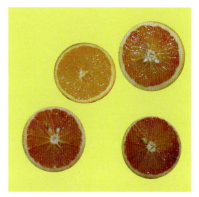

Ein Bild, das keinen Kompositionsregeln folgt, *wirkt beliebig und oft auch irritierend.*

5 Stillleben

Spezial
Vorzeichnung

Um in der gegenständlichen Malerei zu guten Ergebnissen zu kommen, ist eine Vorzeichnung auf dem Malgrund sehr wichtig. Mit ihr halten Sie die Umrisse und Konturen des Stilllebens, der Landschaft, der Figur etc. fest, die Sie später malen. Sie sind bei der Ausarbeitung mit Farbe wichtige Anhaltspunkte zum Einhalten der Proportionen und der inhaltlichen Details. Vorzeichnungen haben zudem den Vorteil, dass Sie sie so lange korrigieren können, bis alle Einzelheiten stimmen, Sie restlos zufrieden sind.

Die Bildinhalte können Sie entweder mit der Methode des Rasterns von einer Vorlage übertragen, wie auf den Seiten 28–29 beschrieben, oder frei Hand auf den Malgrund bannen.

Details einer Figur können mit dem Bleistift hervorragend herausgearbeitet werden.

Ein Graphitstift eignet sich gut zum Übertragen von Bildinhalten beim Rastern, aber auch für Vorzeichnungen frei Hand.

Feiner Auftrag, aber kaum wegzuradieren: eine Vorzeichnung mit Rötelstift. Die Linien mischen sich beim ersten Farbauftrag mit der Acrylfarbe.

Spezial: Vorzeichnung

Von Bleistift bis Pinsel

Es gibt verschiedene Zeichengeräte, die zum Anfertigen einer Vorzeichnung zum Einsatz kommen können. Fünf davon wollen wir Ihnen hier vorstellen.

- Bleistift: Das am meisten für Skizzen und natürlich auch Vorzeichnungen verwendete Zeichengerät. Wichtig: Der Bleistift sollte weich sein, zum Beispiel „B" oder „2B". Vorteile: Korrekturen durch Radieren sind stets möglich, die Konturen sind fein.
- Graphitstift: Neben dem Bleistift das wichtigste Zeichengerät beim Rastern. Er ist weicher als der Bleistift und die Linien sind etwas dicker. Beide können aber selbstverständlich auch für Vorzeichnungen frei Hand benutzt werden.
- Rötelstift: In der Stärke des Auftrags einem Graphitstift vergleichbar, wirkt eine Vorzeichnung mit Rötelstift graziler, lässt sich aber kaum wegradieren. Bei dünnem Farbauftrag mischen sich die Linien sichtbar mit der Acrylfarbe. Das kann schöne Effekte ergeben und hat den Vorteil, dass die Konturen verblassen und die Gestaltung freier wird.
- Naturkohle: Verkohltes Holz, das sehr weich und besonders für die freie Vorzeichnung geeignet ist. Korrekturen bringen Sie durch Verwischen und Neuauftrag an. Mit der Vorzeichnung legen Sie bereits Licht und Schatten, Hell und Dunkel fest. Naturkohle muss, am besten in mehreren dünnen Schichten, mit einem speziellen Kohle- und Pastellfixativ aus der Sprühflasche gebunden werden, bis nichts mehr verwischt.
- Pinsel: Für Fortgeschrittene bietet sich auch eine Vorzeichnung mit dem Pinsel an. Die Konturen werden mit stark verdünnter Acrylfarbe fein aufgetragen. Dazu verwendet man eine, maximal zwei Farben.

In einer Vorzeichnung mit dem Pinsel gilt es, mit Schwung die Konturen zu umreißen und das Wesentliche zu erfassen. Das untere Bild zeigt den ersten Farbauftrag mit Grün.

Frei Hand mit einem Kohlestift aufgetragen, sind die Hell-Dunkel-Werte bereits festgelegt.

Schritt für Schritt
Teller mit Trauben

Ein Teller, gefüllt mit blauen Trauben, macht den Einstieg in das Sujet Stillleben leicht. Die Objekte sind symmetrisch angeordnet, Licht fällt von rechts oben ein und bestimmt den Verlauf der Hell-Dunkel-Werte. Das Arrangement lässt sich der Zentralkomposition zuordnen. Es kommen in diesem Bild nur vier Farben zur Anwendung, aus denen alle notwendigen Töne gemischt werden. Der Teller mit Trauben ist also eine sehr gute Übung für den richtigen Farbeinsatz.

Material
Bespannter Keilrahmen 30 x 30 cm, Bleistift, Graphitstift, Fixativ, Flachpinsel 8 mm, Glas Wasser, Baumwolltuch oder Haushaltspapier, Palette, die Farben Zinnoberrot, Ultramarinblau, Kadmiumgelb, Titanweiß

Zinnoberrot
Ultramarinblau
Kadmiumgelb hell
Titanweiß

Empfehlung
Beginnen Sie Ihre Bilder stets mit dem Hauptmotiv, sowohl in der Vorzeichnung, beim Anlegen der ersten Farben und erst recht wenn die Ausarbeitung an der Reihe ist. Das Wichtigste kommt also immer zuerst – so wird das Bild lebendiger.

Schritt für Schritt: Teller mit Trauben

1. Zeichnen Sie Teller und Trauben mit Bleistift fein vor und verstärken Sie anschließend die Linien mit Graphitstift. Binden Sie den Graphitstiftauftrag mit Fixativ. Beachten Sie, dass die Trauben nicht nebeneinander liegen, sondern sich teilweise überschneiden.

2. Mischen Sie Zinnoberrot und Ultramarinblau zu einem Violettton. Tragen Sie die Farbe mit viel Wasser verdünnt zum Bemalen der Trauben auf. Reinigen Sie den Pinsel mit Wasser und trocknen Sie ihn leicht ab. Heben Sie nun mit dem Pinsel in der oberen Hälfte der Trauben die noch feuchte Farbe wieder ab. Durch die nun hellen Stellen entsteht der Eindruck von Räumlichkeit. Für die Stiele mischen Sie Kadmiumgelb hell mit Ultramarinblau, das ergibt ein frisches Grün. Für den Teller mischen Sie Titanweiß mit ein bisschen Kadmiumgelb hell, ganz wenig Zinnoberrot und einer Spur Ultramarinblau. Das ergibt einen stark abgetönten Beige- bis Grauton.

> **Tipp**
> *Bis jetzt sind die Farben lasierend angelegt. Es ist eine Überlegung wert, das Bild mit einem weiteren lasierenden (transparenten) Farbauftrag zu versehen und zu beenden. Das liegt ganz im Geschmack des Künstlers. Wir entscheiden uns, deckend zu malen.*

3. Legen Sie den Tisch in einem abgetönten Orange an, gemischt aus Kadmiumgelb hell, wenig Zinnoberrot und Titanweiß. Der Schatten unterhalb des Tellers bekommt einen leichten Violettton. So setzen Sie die Farben ein wenig in Kontrast zueinander und es entsteht eine räumliche Wirkung. Den Hintergrund legen Sie ebenfalls mit dem blassen Violettton und dem zarten Gelborange an.

4. Mischen Sie Ultramarinblau mit sehr wenig Zinnoberrot zu einem Blauviolettton, jetzt allerdings ohne Wasser zuzugeben. Damit bemalen Sie die unteren Teile der Trauben.

5 Stillleben

5 Zum Blauviolett mischen Sie etwas mehr Zinnoberrot hinzu, um ein rötliches Violett zu erhalten. Damit brechen Sie am oberen Rand des Blauvioletts die vorhandene Farbe etwas und vermischen sie.

6 Nun mischen Sie Titanweiß in das Violett und malen damit die Oberseite der Trauben. Verwischen Sie die Übergänge zwischen dunklem und hellem Violettton.

7 Um leichte Kontraste zu setzen, bemalen Sie die Unterseite einzelner Trauben mit einer Mischung aus Kadmiumgelb hell, etwas Ultramarinblau und Titanweiß. Dieses helle, frische Grün verwenden Sie auch für die Stängel.

8 Auf den oberen Tellerrand tragen Sie ein helles Beige auf, das Sie aus Titanweiß, sehr wenig Kadmiumgelb hell und einer Spur Zinnoberrot mischen. Bemalen Sie die hellen Stellen des Tellerrandes und sparen Sie die Flächen aus, die von Trauben schattiert werden.

9 Die Farbe des Schattens, der auf den Teller fällt, mischen Sie so: In das Beige, das Sie für den oberen Tellerrand verwendet haben, geben Sie etwas mehr Zinnoberrot und Kadmiumgelb hell, damit es dunkler wird, dazu etwas Ultramarinblau. Das ergibt ein leicht verwaschenes Beige-Grau.

10 Setzen Sie nun gezielt Licht- und Schattenpunkte. Mit ein wenig Titanweiß und Ultramarinblau schaffen Sie noch mehr räumliche Tiefe.

Schritt für Schritt: **Teller mit Trauben**

11 Aus Kadmiumgelb hell, Zinnoberrot und etwas Titanweiß mischen Sie die Farbe des Tisches, ein helles Orange, das Sie flächig auftragen. Die Farbe der Schatten des Tellers erzielen Sie durch das gleiche Orange, in dem weniger Titanweiß steckt, dazu ein wenig Ultramarinblau. Der Pinselstrich verläuft horizontal.

12 Der Hintergrund besteht aus zwei Farbmischungen. Die Seiten aus einem stark abgetönten Violett, die Mitte oberhalb des Traubenbogens aus einem stark abgetönten Kadmiumgelb hell. Der Pinselstrich verläuft vertikal.

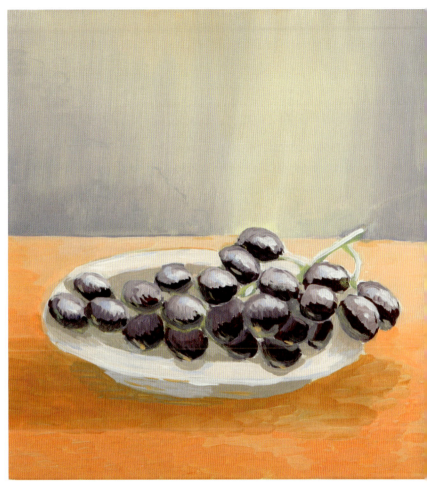

ZUSAMMENFASSUNG

Trauben: Herstellen der Räumlichkeit durch Farbaufträge in Violett, Grün, Weiß und etwas Hellblau.

Schatten der Trauben durch leicht verwaschenes Beige-Grau.

Hintergrund aus zwei Farbmischungen und Pinselstrich vertikal.

Zum Bemalen des Tisches verläuft der Pinselstrich horizontal.

Schritt für Schritt
Ein Apfel

Unser zweites Bild im Sujet Stillleben ist ein einfaches Motiv. Es zeigt einen Apfel, platziert auf zwei Tüchern, die wiederum auf einem Tisch liegen. Er wurde in den Goldenen Schnitt gesetzt, um dem Bild Spannung zu verleihen. Eine Lichtquelle strahlt die Frucht seitlich von oben an und bewirkt einen Schatten. Das Motiv macht es möglich, sich in den Details auf den Apfel zu konzentrieren. Die Tücher und der Tisch werden flächig gemalt.

Material
Bespannter Keilrahmen 30 x 30 cm, Graphitstift, Fixativ, Flachpinsel 10 mm, Rundpinsel Größe 6, Glas Wasser, Baumwolltuch oder Haushaltspapier, Palette, die Farben Karmesinrot, Zinnoberrot, Chromgelb, Kobaltblau, Schwarz, Ultramarinblau, Titanweiß, Lichter Ocker, Vandykebraun, Umbra natur

- Karmesinrot
- Zinnoberrot
- Chromgelb
- Kobaltblau
- Schwarz
- Ultramarinblau
- Titanweiß
- Lichter Ocker
- Vandykebraun
- Umbra natur

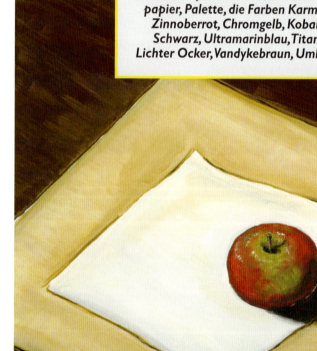

1 Achten Sie bei der Vorzeichnung auf die kreisrunde Form des Apfels sowie auf das Platzieren des Stiels in der Mulde. Zeichnen Sie auch den Schatten des Stiels einerseits und des Apfels andererseits; so entsteht bereits eine räumliche Wirkung. Mit den Konturen der Tücher schließen Sie die Vorzeichnung ab.

Schritt für Schritt: Ein Apfel

2 Mischen Sie einen Rotton aus Karmesinrot und Zinnoberrot. Malen Sie den Körper des Apfels „nach Volumen" aus, das heißt, Sie führen den Flachpinsel entlang dessen natürlicher runder Form. Verwenden Sie hin und wieder die beiden Rottöne separat.

3 Legen Sie einen Grünton an, indem Sie Chromgelb, etwas Kobaltblau und eine Spur Zinnoberrot mischen und auf den noch weißen Stellen nach Volumen auftragen. Verwenden Sie nicht nur eine Mischung, sondern fügen Sie mal etwas mehr Chromgelb und mal etwas mehr Kobaltblau hinzu.

4 Der vom Apfel geworfene Schatten ist ein eigenes Bildelement. Dazu mischen Sie für den Schatten auf dem weißen Tuch Titanweiß mit Schwarz, etwas Ultramarinblau sowie eine Spur Karmesinrot. Für das ockerfarbene Tuch verwenden Sie eine Mischung aus Lichter Ocker und Vandykebraun, dazu geben Sie etwas Kobaltblau und wenig Ultramarinblau. Legen Sie anschließend die zwei verschiedenen Schattenflächen mit den dafür vorgesehenen Farben an.

Geben Sie auf die vom Licht abgewandte Seite des Apfels etwas Schattenfarbe für das weiße Tuch, um die gegenseitigen Reflexionen von Apfel und Tuch darzustellen.

Empfehlung

Schatten sind in der Malerei besondere Bildelemente. Um die richtige Schattenfarbe zu treffen, gibt es folgende Regel: Mische einen dunkleren Ton der Lokalfarbe mit der Komplementärfarbe der Lokalfarbe und etwas Ultramarinblau. Ein Beispiel: Eine Tomate hat die Lokalfarbe Zinnoberrot. Für den Schatten nimmt man ein dunkleres Rot, zum Beispiel Karmesinrot, mischt es mit der Komplementärfarbe der Lokalfarbe Zinnoberrot, also einem Türkisgrün, und gibt eine Spur Ultramarinblau dazu.

5 Stillleben

5 Malen Sie nun die Tücher flächig in Titanweiß und etwas Lichter Ocker, das größere Tuch mit Lichter Ocker und etwas Titanweiß. Nutzen Sie das Graphit der Vorzeichnung, indem sie es übermalen und auf diese Weise Schattenränder erzeugen.

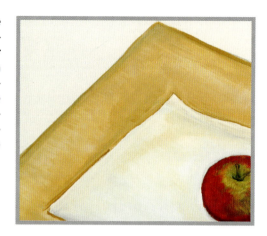

6 Den Tisch im Hintergrund legen Sie mit Vandykebraun und Umbra Natur an.

7 Arbeiten Sie die Flächen der Tücher mit denselben Farben in pastoser Konsistenz nach.

8 Verstärken Sie deren Konturen, indem Sie mit dem Flachpinsel Umbra Natur auftragen.

Schritt für Schritt: Ein Apfel

9 Arbeiten Sie den Apfel weiter aus und verstärken Sie die Schatten der Mulde und den des Stängels.

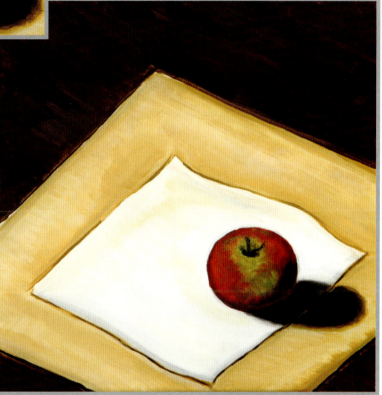

10 Malen Sie den Hintergrund wieder mit der Mischung aus Vandykebraun und Umbra Natur.

11 Setzen Sie mit dem Rundpinsel mit Titanweiß Lichter am Stängel und auf dem Körper des Apfels.

5 Stillleben

12 Dieses Stillleben besteht zwar nur aus einem Hauptelement, bietet aber durch das notwendige Ausarbeiten kleiner Details schon interessante Herausforderungen.

ZUSAMMENFASSUNG

Apfel mit Rot- und Grüntönen nach Volumen ausmalen.

Schatten anlegen.

Flächen der Tücher mit zwei Farbaufträgen in Weiß und Ocker anlegen.

Zum Abschluss Lichter setzen in Weiß.

Schritt für Schritt
Licht und Schatten

Das Spiel mit Licht und Schatten bestimmt unser Stillleben aus einer Leiter und zwei Stühlen. So halten Sie eine Alltagsszene malerisch fest – es müssen also nicht immer die klassischen Gegenstände sein, die Inhalt eines Stilllebens sind. Die Schatten am Boden und an der Wand sind nach der Übung mit dem Apfel eine neue Herausforderung. Der Hintergrund bleibt natürlich nicht völlig weiß, sondern bekommt eine Struktur durch den gezielten Auftrag von Schattenfarbe.

> **Material**
> Bespannter Keilrahmen 60 x 80 cm,
> Graphitstift, Flachpinsel 10 mm,
> Rundpinsel Größe 6,
> Glas Wasser, Baumwolltuch
> oder Haushaltspapier,
> Palette, die Farben Vandykebraun,
> Titanweiß, Karmesinrot, Schwarz,
> Ultramarinblau

 Vandykebraun

 Titanweiß

 Karmesinrot

 Schwarz

 Ultramarinblau

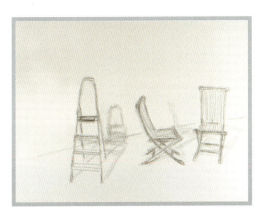

1 Die Vorzeichnung mit Graphitstift zeigt bereits alle Gegenstände; sie wird nicht fixiert. Eine punktuelle Lichtquelle sorgt dafür, dass die Schatten ein wenig perspektivisch verzerrt sind.

5 Stillleben

2 Malen Sie die Konturen der Stühle mit Vandykebraun. Achten Sie darauf, die sich kreuzenden Linien der Stuhlbeine nicht einfach durchzuziehen, sondern die hintere zu unterbrechen.

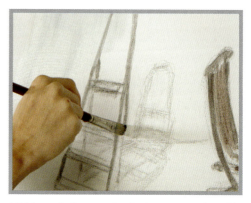

3 Zum Anlegen der Leiter vermalen Sie den Graphitstift mit einem feuchten Pinsel und Titanweiß.

4 Die Schatten der Stühle und der Leiter legen Sie ebenfalls durch Vermalen der Vorzeichnung mit einem feuchten Pinsel an.

5 Der erste Farbauftrag für Stühle, Leiter und Schatten ist fertig. In Boden und Wand wurde ebenfalls etwas Graphit aus der Vorzeichnung mit eingearbeitet.

6 Malen Sie Boden und Wand mit Titanweiß etwas deckender, dabei arbeiten Sie den Graphit weiter ein.

7 Legen Sie die Kunststoffelemente der Leiter mit Karmesinrot lasierend an.

Schritt für Schritt: Licht und Schatten

8 Arbeiten Sie die Stühle mit Mischungen aus Vandykebraun und Schwarz weiter aus.

9 Das Bild nach dem Ausarbeiten von Boden und Wand, Anlegen der Leiter und Ausarbeiten der Stühle.

10 Arbeiten Sie die Kunststoffelemente der Leiter pastos mit Karmesinrot und die hellen Stellen mit Titanweiß weiter aus und setzen Sie Glanzlichter. Danach arbeiten Sie die dunkelsten Stellen mit einer Mischung aus Vandykebraun und Schwarz aus.

11 Nun sind die dunkelsten Stellen der Stühle an der Reihe, ebenfalls mit einer Mischung aus Vandykebraun und Schwarz.

12 Mischen Sie zum Ausarbeiten der Schatten zu Schwarz und Titanweiß auch eine Spur Ultramarinblau.

5 Stillleben

13 Arbeiten Sie zum Schluss Boden und Wand zwischen den Schatten und den Elementen mit Titanweiß aus, in das Sie etwas Schwarz mischen.

14 Boden und Wand in der großen Fläche bearbeiten Sie mit der gleichen Farbmischung wie zwischen den Elementen. Die Pinselführung in der Wand ist vertikal, am Boden horizontal.

ZUSAMMENFASSUNG

Darstellung der Schatten erzeugt einen räumlichen Eindruck.

Ausarbeiten der hellsten und dunkelsten Stellen.

Rote Elemente als Farbtupfer.

Wand und Boden kontrastieren durch gegensätzlichen Pinselstrich.

Konturen der Stühle mit Vandykebraun.

Schritt für Schritt
Fünf Flaschen

Von den fünf Flaschen unseres nächsten Stilllebens waren in der Vorlage vier tatsächlich durchsichtig. Um den Schwierigkeitsgrad nicht zu hoch zu wählen, sind nur zwei durchsichtig dargestellt. Das Malen von Flaschen bringt einige Besonderheiten mit sich. Es gilt vor allem, deren Rundungen perspektivisch richtig auf den Malgrund zu bringen (Seite 64). Dazu legen **Sie im zylindrischen Körper je nach Perspektive sich öffnende oder schließende Kreise und Ellipsen an.**

- Lichter Ocker
- Ultramarinblau
- Kadmiumgelb hell
- Zinnoberrot
- Chromoxidgrün feurig
- Titanweiß

Material
Bespannter Keilrahmen 50 x 50 cm, Naturkohle, Fixativ, Flachpinsel 12 mm, Glas Wasser, Baumwolltuch oder Haushaltspapier, Palette, die Farben Lichter Ocker, Ultramarinblau, Kadmiumgelb hell, Zinnoberrot, Chromoxidgrün feurig, Titanweiß

5 Stillleben

1 Bevor Sie mit der Vorzeichnung beginnen, arrangieren Sie die Flaschen und fertigen eine Skizze an, um Proportionen und Perspektive festzuhalten. Legen Sie für jede Flasche in einem Zylinder zunächst die Mittelachse fest und zeichnen Sie um diesen Mittelpunkt herum die Ellipsen, die den Flaschenboden, den Flaschenkörper und den Flaschenhals mit Öffnung darstellen.

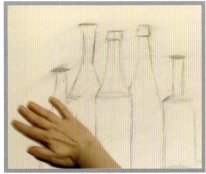

2 Übertragen Sie die Skizze mit Naturkohle auf den Malgrund. Verwischen Sie die ersten Versionen mit der flachen Hand und ziehen Sie die Konturen immer wieder nach, bis Sie mit dem Ergebnis zufrieden sind.

3 Legen Sie mit der Kohlevorzeichnung auch schon die dunklen Stellen der Flaschen fest. Schattierungen erzielen Sie durch Verwischen mit den Fingern. Fixieren Sie die Vorzeichnung mehrfach, bis keine Kohle mehr verwischt.

Schritt für Schritt: Fünf Flaschen

4 Tragen Sie mit dem Haushaltsschwamm Lichter Ocker auf, und zwar sehr stark mit Wasser verdünnt. Einen solchen Auftrag nennt man Imprimatur.

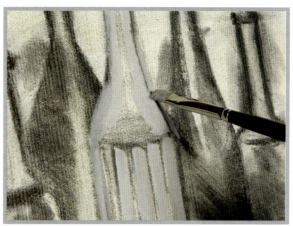

5 Beginnen Sie mit der vorderen Flasche. Mischen Sie einen blaustichigen Grauton aus Kadmiumgelb hell, Zinnoberrot, Ultramarinblau und Titanweiß und malen Sie die ersten Partien der Flasche nach Struktur.

6 Geben Sie zur Graumischung etwas Ultramarinblau dazu und malen Sie damit die Stellen, wo die anderen Flaschen blau durchscheinen. Mit Titanweiß setzen Sie die hellsten Akzente der Flasche.

> **Empfehlung**
> *Eine Imprimatur deckt den Malgrund vollständig ab, ersetzt den ersten Farbauftrag und gibt dem Bild einen Grundton. Der kann je nach Absicht mit den wesentlichen Farben harmonieren, aber auch im Kontrast zu ihnen angelegt sein.*

7 Die zweite Flasche rechts neben der ersten malen Sie nach Volumen mit reinem Ultramarinblau. Für die linke Hälfte trüben Sie das Blau mit Schwarz.

5 Stillleben

Tipp
Um den Blauton der beiden äußeren Flaschen exakt zu treffen, geben Sie zur Mischung aus Titanweiß und Ultramarin etwas Chromoxidgrün feurig hinzu.

8 Zum Schluss setzen Sie Lichter mit Titanweiß.

9 Das Blau der zweiten Flasche von links scheint durch die ganz linke hindurch. Legen Sie beim Malen dieser Flasche deren Farbton mit einer Mischung aus Ultramarinblau und Titanweiß schon in der ersten Flasche von links an.

10 Nachdem alle Flaschen ausgearbeitet sind, malen Sie den Tisch mit einer Mischung aus Titanweiß, Lichter Ocker und etwas Zinnoberrot. Die Spiegelung der Flaschen auf der Tischoberfläche erzielen Sie mit vertikaler Pinselführung in der jeweiligen Flaschenfarbe.

11 Für den Hintergrund verwenden Sie Lichter Ocker mit Titanweiß gemischt. Die Schatten der Flaschen an der Wand sind ein besonderes Bildelement. Mischen Sie die passende Farbe aus Lichter Ocker mit weniger Titanweiß als zuvor und geben Sie etwas Komplementärfarbe von Ocker, also etwas Blau, sowie standardgemäß einen Hauch Ultramarinblau hinzu.

Schritt für Schritt: Fünf Flaschen

12 Entstanden ist ein sehr ausdrucksstarkes Stillleben mit fünf Flaschen. Der Farbkontrast Ocker und Blau wirkt frisch, angenehm und trotz des vielen Blaus in keiner Weise kalt.

Zusammenfassung

Flaschen malen nach Volumen oder nach Struktur.

Durchsichtigkeit einer Flasche hervorheben.

Pinselführung Spiegelung: vertikal; Pinselführung Tischplatte: horizontal.

Spiegelungen und Schatten verstärken die räumliche Wirkung.

Schritt für Schritt
Korb mit Gemüse

Ein Stillleben mit dafür klassischen Gegenständen bildet den Abschluss unserer Reihe. Allerdings tragen die verschiedenen Gemüse keinerlei Botschaft, sondern sind nur um ihrer selbst willen arrangiert und gemalt. Verschiedene Formen und unterschiedliche Farben machen das Bild durchaus komplex und sind schon eine kleine Herausforderung. Die weichen Rundungen der Körper lassen allerdings in der Darstellung genügend Freiraum.

Material
Bespannter Keilrahmen 50 x 70 cm, Graphitstift, Fixativ, Flachpinsel 12 mm, Rundpinsel Größe 6, Glas Wasser, Baumwolltuch oder Haushaltspapier, Palette, die Farben Lichter Ocker, Preußischblau, Chromoxidgrün feurig, Zinnoberrot, Krapprot, Titanweiß, Ultramarinblau

Lichter Ocker

Preußischblau

Chromoxidgrün feurig

Zinnoberrot

Krapprot dunkel

Ultramarinblau

Titanweiß

Schritt für Schritt: Korb mit Gemüse

1 Die Vorzeichnung zeigt die richtigen Proportionen der Gemüse und deren Verteilung. Fertigen Sie sie mit Graphitstift an, den Sie fixieren, bis nichts mehr verwischt.

2 Mischen Sie aus Lichter Ocker, Preußischblau, Chromoxidgrün feurig und ein wenig Zinnoberrot einen Grünton. Legen Sie damit die dunkelsten Stellen z. B. des Lauchs und des Wirsings an. Danach geben Sie Titanweiß zur Mischung für ein helleres Grün dazu.

3 Die grünen Gemüse sind angelegt. Der Pinsel wurde schon in diesem Stadium nach Form und Volumen geführt.

4 Mit einer Mischung aus Zinnoberrot und Krapprot dunkel legen Sie die Zwiebeln an. Für die Süßkartoffeln geben Sie etwas Titanweiß dazu. Malen Sie diese Gemüse nach Volumen und führen Sie den Pinsel dazu passend.

5 Stillleben

Tipp
Für sehr dunkle Flächen eines Bildes mischen Sie ein sogenanntes klassisches Schwarz aus Preußischblau, Krapprot dunkel und Chromoxidgrün feurig.

5 Aus Zinnoberrot, Preußischblau und ganz wenig Lichter Ocker mischen Sie ein Grauviolett, mit dem Sie die Aubergine anlegen. Deren helle Stellen tönen Sie mit Titanweiß ab. Für die Champignons verwenden Sie einen hellen Braunton, gemischt aus Lichter Ocker, Preußischblau und Zinnoberrot und viel Titanweiß.

6 Für die Darstellung des Faltenwurfs mischen Sie Lichter Ocker und Titanweiß und brechen dies mit etwas Krapprot dunkel. Stufen Sie die Farben zum Dunklen hin ab, indem Sie jeweils eine Spur Preußischblau dazugeben.

7 Legen Sie den Korb mit Lichter Ocker, Preußischblau und Zinnoberrot an. Führen Sie den Pinsel nach der Struktur von dessen Oberfläche.

Schritt für Schritt: Korb mit Gemüse

8 Die Bildelemente im Vordergrund sind damit fertig angelegt. Die helleren Stellen in der Struktur des Korbes entstanden durch das Hinzugeben von Titanweiß zur ursprünglichen Farbmischung (Schritt 7).

9 Legen Sie den Hintergrund (Wand) mit einer Mischung aus Titanweiß, etwas Krapprot dunkel und ein wenig Preußischblau an. Der Tisch bekam zunächst eine Fläche aus Titanweiß mit etwas Preußischblau mit der Absicht, dem Bild einen Farbkontrast zu geben.

10 Nun arbeiten Sie die Gemüse aus, und zwar mit denselben Farben wie beim Anlegen, allerdings in pastoser Konsistenz. Beginnen Sie mit den dunkelsten Stellen, beispielsweise beim Lauch, und tönen Sie nach und nach durch die Zugabe von Titanweiß ab.

11 Arbeiten Sie die Blätter nach Struktur aus. Die Stellen für die Blattadern haben Sie zuvor offen gelassen.

Tipp
Variieren Sie die Grüntöne, indem Sie die Mischungsverhältnisse durch Zugabe der Einzelfarben Lichter Ocker, Titanweiß, Zinnoberrot und Preußischblau verändern.

5 Stillleben

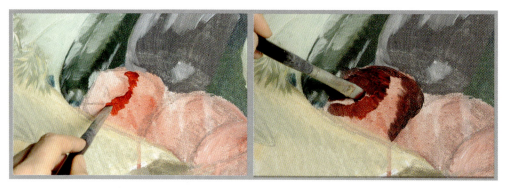

12 Arbeiten Sie die Zwiebeln zunächst mit Zinnoberrot aus, und zwar nach Struktur. Fügen Sie danach Krapprot dunkel dazu. Für die helleren Stellen in der Mitte mischen Sie dem Krapprot etwas Titanweiß bei. Die Farben sind noch feucht. Ziehen Sie nun mit dem Flachpinsel ohne Farbzugabe feine Linien von dunkel nach hell und umgekehrt. So entstehen die typischen Strukturen einer roten Gemüsezwiebel.

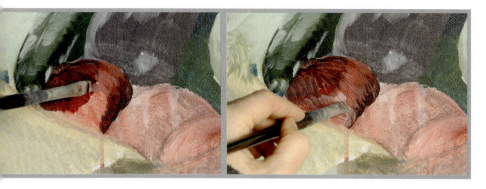

13 Arbeiten Sie mit der Farbmischung für die Aubergine (Schritt 5) in pastoser Form nach Volumen. Für die helleren Stellen geben Sie wieder Titanweiß dazu. Die hellsten Stellen Partien bestehen aus reinem Titanweiß.

14 Die Champignons arbeiten Sie mit derselben Farbmischung wie beim Anlegen (Schritt 5) aus. Beginnen Sie mit den dunkelsten Stellen und geben Sie zum Abtönen schrittweise Titanweiß dazu. Die Strukturen der Champignonkörper erzielen Sie durch Ziehen mit dem Flachpinsel ohne Farbzugabe von hell nach dunkel und umgekehrt.

Schritt für Schritt: Korb mit Gemüse

15 Die Gemüse sind fertig ausgearbeitet.

16 Um das Tuch auszuarbeiten, verwenden Sie die Farbmischungen wie in Schritt 6, jetzt pastos. Wie Sie den Pinsel führen, hängt von der durch die Lage bedingten Form des Tuches ab.

17 Mit der Farbmischung aus Schritt 7 arbeiten Sie nun den Korb nach Struktur aus. Tönen Sie die Farben ab, indem Sie schrittweise Titanweiß dazugeben.

18 Mit einer Farbmischung aus Titanweiß, etwas Krapprot dunkel und Ultramarinblau und vertikaler Pinselführung machen Sie sich nun an das Ausarbeiten des Hintergrundes. Das helle Violett wiederholt das Violett der Aubergine.

5 Stillleben

19 Nachdem das Bild mit pastoser Farbe komplett ausgearbeitet ist, setzen wir die Höhepunkte in Dunkel und Hell. Für das dunkle Grün des Lauchs verwenden Sie die Farbmischung von Schritt 2 mit etwas Wasser verdünnt sowie den Rundpinsel. Mit dem trockenen Flachpinsel verwischen Sie die Farbe anschließend.

20 Setzen Sie Lichter mit Titanweiß und verwenden Sie dafür den Rundpinsel. Das gibt Ihnen zusätzlich Gelegenheit, feinste Strukturen noch einmal zu unterstreichen.

Schritt für Schritt: Korb mit Gemüse

21 Die Farbgebung für den Tisch wurde komplett überarbeitet, und zwar mit den Farben für den Korb (Schritt 7), plus Titanweiß und, je nach Bedarf, der Zugabe von Lichter Ocker. Der Pinselstrich entspricht der diagonal anmutenden perspektivischen Darstellung des Tisches. Arbeiten Sie von hell nach dunkel und verstärken Sie zum Abschluss noch einmal die dunkelsten und die hellsten Stellen des Bildes, um ihm insgesamt mehr Tiefe zu geben.

ZUSAMMENFASSUNG

Gemüse mit glatter Oberfläche nach Volumen malen.

Den Korb und Gemüse mit rauer Oberfläche nach Struktur malen.

Dunkelste Stellen mit klassischem Schwarz.

Licht und Schatten verstärken die räumliche Darstellung.

6 Pflanzen

Pflanzen leben – der wichtigste Unterschied zum Sujet „Stillleben" wird gleich offenbar. Die Freude an der Natur, an Bäumen, Sträuchern, Gräsern, Blumen und vielem mehr, ist eine große Motivation, sich als Malerin oder Maler den Pflanzen zuzuwenden. Schließlich dominieren nicht nur Grün- oder Brauntöne, sondern die Vielfalt der Blüten bietet ein Fest der Farben. Das Wechselspiel der Jahreszeiten tut ein Übriges. Zahllose verschiedene Formen und Strukturen sind eine zusätzliche Herausforderung für Sie.

Es grünt so grün

Grün ist eine Farbe, gewiss, aber wie viele Grüntöne gibt es eigentlich? Die Antwort ist leicht: Man kann sie im Grunde nicht zählen. Gleichwohl sind die verschiedenen Grüns die wichtigsten Farben, wenn es um Pflanzen geht. Die Ursache: Das Chlorophyll, mit dem die Pflanzen Photosynthese betreiben und sich so am Leben erhalten, ist grün. Doch die Lokalfarbe spielt für die Wahrnehmung eine untergeordnete Rolle. Die große Zahl der Farbnuancen entsteht vor allem durch die Einflüsse von Licht und Schatten, von Hell und Dunkel. Blätter in ein und demselben Grün können von fast schwarz bis annähernd weiß eine Vielzahl von Erscheinungsfarben annehmen. Pflanzen sind also grün – das stimmt. Aber wie grün?

In der Malerei gilt Grün übrigens als die schwierigste Farbe überhaupt. Diesem Umstand haben wir Tribut gezollt und dem Grün eine Spezialseite (Seite 92) gewidmet.

Bäume sind übrigens auch grün – klar. Aber nicht nur das. Sie begeistern zudem durch die Vielfalt ihrer Formen, ihrer Rindenstrukturen, durch ihre Erhabenheit, durch ihren Ausdruck von Lebenskraft. Nicht zuletzt deshalb gehören sie mit zu den beliebtesten Gegenständen malerischer Beschäftigung, wenn es um das Sujet „Pflanzen" geht.

Ein Pflanzenblatt ist grün – aber wie grün? Von fast weiß bis nahezu schwarz sind viele Tonwerte möglich.

Eine herrliche Trauerweide neigt sich ins Wasser.

Pflanzen

VIELFALT DER FORMEN

Liebhaber von Formen kommen mit Pflanzen allemal auf ihre Kosten. Einfach elegant ist der Schwung der Blätter einer Tulpe, deren schlanker Stiel sich reckt, um in einen edlen Blütenkelch überzugehen. Über Persien nach Europa gekommen, galt diese Blume im Mittelalter als Luxusgut und besaß einen höheren Wert als Gold und Edelsteine. Wer sie betrachtet, versteht, warum.

Ganz anders wirken Pflanzen in der Masse. Eine mit Wildblumen und Gräsern bewachsene Wiese ist durchaus dazu geeignet, erst einmal nur einen Überblick zuzulassen. Erst beim zweiten Hinschauen werden die Details offenbar – und man sieht „Individuen", die ohne Ausnahme stolz ihren Kopf erheben, der Sonne entgegen.

Einfach, klar, elegant: *Die Tulpe besticht durch ihre Schönheit.*

Gräser und Blumen *auf einer Sommerwiese.*

ALLES BUNT!

Auffallen ist eine Methode, um im Leben voranzukommen. Bei den Blumen funktioniert sie. Die ganze Palette auffälliger Farben in Rot-, Gelb- und Blautönen etc. arbeiten sie ab, um bei denen Aufmerksamkeit zu erregen, die ihre Fortpflanzung gewährleisten sollen. Und nicht zuletzt durch die edlen, aufregenden Gestalten, die sie dabei annehmen, sind sie natürlich eine Augenweide – auch und erst recht für Malerinnen und Maler. Eine schöne Blume in leuchtenden Farben ist ein ideales Motiv. Kein Wunder also, dass Blumen in der Hitliste noch immer ganz oben stehen.

Die Sonnenblume *wurde schon die Inkas als Abbild ihres Gottes verehrt.*

6 Pflanzen

Spezial
Das Wichtigste zuerst!

In der gegenständlichen Malerei ist als Reihenfolge üblich: Vorzeichnung, erster Farbauftrag wässrig, zweiter Farbauftrag pastos, danach die dunkelsten, anschließend die hellsten Stellen hervorheben. Wer lebendige Bilder malen möchte, sollte sich zudem an eine weitere Regel halten, und zwar schon mit dem Beginn der Vorzeichnung. Sie lautet: „Beginne mit dem Wichtigsten, mit dem, was im Bildvordergrund steht, dem, worauf es (dir!) ankommt!" Das muss nicht für jeden Maler dasselbe sein.

Ein Bild transportiert die Idee des Künstlers, es lebt erst dann dessen Intention, wenn er von Beginn an auf das Hauptelement hingearbeitet hat. Jetzt wirken die Bildgegenstände und -elemente in der beabsichtigten Art und Weise, bekommt das Bild Kraft und Klarheit.

VOM VORDERGRUND ZUM HINTERGRUND

Die Konzentration auf den Vordergrund, auf das Wichtige im Bild, und das Einhalten der richtigen Reihenfolge beim Anlegen und Ausarbeiten helfen dabei, typische Fehler zu vermeiden. Fehler, wie zunächst den Himmel als komplette Fläche auszumalen und erst danach zum Beispiel Bäume anzulegen, die in ihn hineinragen. Ergebnis: Die Farben der Bäume mischen sich mit denen des Himmels, nicht unbedingt körperlich im Sinne von vermischen, aber die Farben überlagern sich auf alle Fälle und verlieren so an Kraft und Brillanz. Strukturen einer anderen Pinselführung schimmern durch. Kurz: Was eigentlich hervorstechen soll, wirkt verwaschen und matt. Dem Bild fehlt es an Qualität.

Um Ihnen die richtige Vorgehensweise vor Augen zu führen, haben wir ein Beispiel ausgewählt: einige Efeublätter vor einer Mauer. Unsere Absicht: Der Efeu soll im Vordergrund dominieren, die Mauer ist nur der Hintergrund. Wir gehen also folgendermaßen vor:

1 Nach der Vorzeichnung – die mit dem Efeu begonnen wurde! – legen Sie zuerst das Grün der Efeublätter an.

2 Der Vordergrund ist mit der ersten Farbe angelegt.

3 Nun sind die Stellen des Hintergrundes an der Reihe, die unmittelbar an den Vordergrund anschließen. Dazu zählen auch etwaige Schatten.

4 Nun folgt der zweite Farbauftrag mit Pinselführung nach Struktur der Blätter.

5 Arbeiten Sie die Blätter fertig aus, bevor der Hintergrund den zweiten Farbauftrag bekommt.

6 Fangen Sie auch beim zweiten Farbauftrag des Hintergrundes unmittelbar neben und zwischen den Blättern an.

7 Das Verstärken der dunkelsten Stellen und das Setzen der Lichter steigert die Brillanz des Vordergrundes und hebt die Blätter noch stärker von der Mauer ab.

Schritt für Schritt
Eine elegante Tulpe

Das Bild einer Tulpe ist ein prima Einstieg in das Sujet „Pflanzen". Mit ihrer schlichten Schönheit bietet sie einerseits einen großen ästhetischen Reiz, andererseits sind ihre Formen leicht nachzuvollziehen. Wussten Sie übrigens, dass es einmal eine Zeit der „Tulpomanie" gab? In den 30er-Jahren des 17. Jahrhunderts waren in Holland einmal drei Tulpenzwiebeln so viel wert wie ein ganzes Haus. Der Traum vom Geld platzte. Die Schönheit der Tulpe blieb.

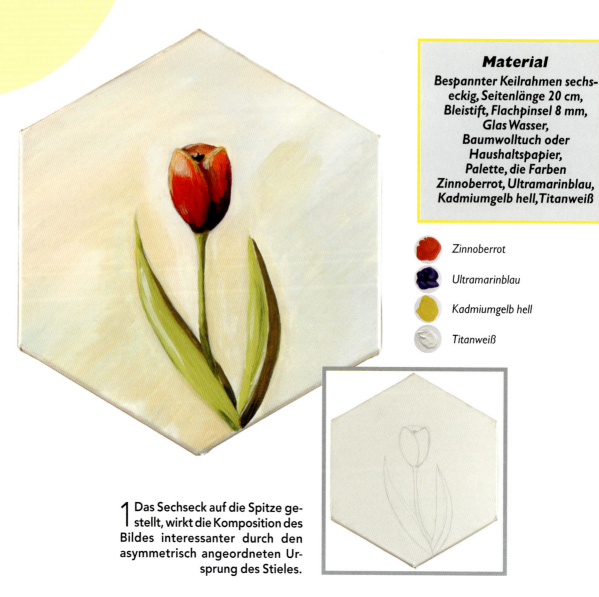

Material
Bespannter Keilrahmen sechseckig, Seitenlänge 20 cm, Bleistift, Flachpinsel 8 mm, Glas Wasser, Baumwolltuch oder Haushaltspapier, Palette, die Farben Zinnoberrot, Ultramarinblau, Kadmiumgelb hell, Titanweiß

- Zinnoberrot
- Ultramarinblau
- Kadmiumgelb hell
- Titanweiß

1 Das Sechseck auf die Spitze gestellt, wirkt die Komposition des Bildes interessanter durch den asymmetrisch angeordneten Ursprung des Stieles.

Schritt für Schritt: Eine elegante Tulpe

2 Mit einer Mischung aus Zinnoberrot, Ultramarinblau und ein wenig Weiß legen Sie die Blütenblätter an ihrem unteren Rand violett an. Den Hauptteil der Blüte malen Sie mit Zinnoberrot, die Spitzen mit Kadmiumgelb hell.

3 Legen Sie den Stängel und die Blätter an mit einer Mischung aus Kadmiumgelb hell, Ultramarinblau und Titanweiß für helle Stellen. Für dunklere Teile mischen Sie zum Grün etwas Zinnoberrot.

4 In der Mitte der Blüte malen Sie den Stempel mit einem dunklen Violett, gemischt aus Zinnoberrot und Ultramarinblau. Den Hintergrund legen Sie mit viel Titanweiß, etwas Zinnoberrot und Ultramarinblau an. Führen Sie dabei den Pinsel diagonal.

5 Zweiter Farbauftrag mit pastoser Konsistenz. Beginnen Sie mit dem unteren Rand der Blütenblätter in demselben Violett wie beim Anlegen. Danach ist der Hauptteil der Blüte in Zinnoberrot an der Reihe, derweil die Spitze mit Kadmiumgelb hell den Abschluss bildet.

Tipp

Arbeiten Sie beim zweiten Farbauftrag der Blüte Nass in Nass, also zügig nacheinander. Nachdem das Gelb aufgetragen ist, reinigen Sie den Pinsel mit Wasser und trocknen ihn leicht. Dann führen Sie ihn passend zur Form des Blütenblattes mit Wischbewegungen über die drei Farben, um sie etwas zu vermischen und so fließende Übergänge zwischen ihnen zu schaffen.

6 Pflanzen

6 Verfeinern Sie das hintere Blütenblatt und arbeiten Sie die dunkelsten Stellen am Blütenkelch aus.

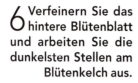

7 Arbeiten Sie die hellen Stellen der Blätter mit derselben Farbmischung wie in Schritt 3 mit pastoser Konsistenz aus. Genauso verfahren Sie mit den dunkelsten Partien, allerdings mit weniger Titanweiß.

8 Den Hintergrund arbeiten Sie Nass in Nass aus mit viel Titanweiß, wenig Ultramarinblau, Kadmiumgelb hell und Zinnoberrot. Behalten Sie die beim Anlegen verwendete diagonale Pinselführung bei. Setzen Sie Lichter mit Titanweiß auf der Blüte genauso wie auf den Blättern.

ZUSAMMENFASSUNG

Farben des Blütenkelches Nass in Nass ausarbeiten und verwischen.

Pinselführung im Hintergrund diagonal.

Farben der Blätter und des Stängels nebeneinander setzen.

Lichter setzen mit Titanweiß.

Schritt für Schritt
Eine Sonnenblume

Von spanischen Seefahrern aus Amerika nach Europa gebracht, ist die Sonnenblume längst zu einer wichtigen Kultur- und Schmuckpflanze avanciert. Die Herausforderung und der Genuss beim Malen bestehen darin, den Charakter, das Individuelle einer Sonnenblume zu erfassen und zu transportieren. Mit ihren kräftigen Farben, dem großen Blütenkorb und dem üppigen Fruchtstand symbolisiert sie Leben und Fruchtbarkeit. Sie strahlt Freundlichkeit aus und wirkt irgendwie menschlich.

Material
Bespannter Keilrahmen 60 x 80 cm, Graphitstift, Fixativ, Flachpinsel 18 und 32 mm, Glas Wasser, Baumwolltuch oder Haushaltspapier, Palette, die Farben Kadmiumgelb hell, Zinnoberrot, Ultramarinblau, Chromoxidgrün feurig, Titanweiß

Kadmiumgelb hell

Zinnoberrot

Ultramarinblau

Chromoxidgrün feurig

Titanweiß

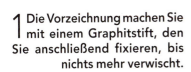

1 Die Vorzeichnung machen Sie mit einem Graphitstift, den Sie anschließend fixieren, bis nichts mehr verwischt.

6 Pflanzen

2 Erster Farbauftrag mit Kadmiumgelb hell. Legen Sie damit die hellsten Stellen der Blütenblätter an.

3 Geben Sie zu Kadmiumgelb hell ganz wenig Zinnoberrot dazu, sodass ein helles Orange entsteht. Damit legen Sie die etwas dunkleren Stellen der Blütenblätter an und den Rand des Fruchtstandes.

Tipp
Mischen Sie für ein kräftigeres Orange weiter Zinnoberrot dazu. Um die Blätter anzulegen, die im Schatten sind, mischen Sie in das Orange zusätzlich etwas Ultramarinblau hinein.

4 Legen Sie den Fruchtstand mit einem Grün an, gemischt aus Kadmiumgelb hell und Ultramarinblau. Für dunklere Stellen geben Sie der Mischung etwas Chromoxidgrün feurig hinzu.

5 Das dunkle Grün des Stängels legen Sie mit derselben Mischung an wie für den Fruchtstand; den Hintergrund mit Titanweiß unter Zugabe von ganz wenig Ultramarinblau.

Schritt für Schritt: Eine Sonnenblume

6 Arbeiten Sie die Blütenblätter im zweiten Farbauftrag aus, zunächst mit Kadmiumgelb hell, danach, wie unter Schritt 3 beschrieben, unter Zugabe von immer mehr Zinnoberrot.

7 Mischen Sie zum dunklen Orange etwas Ultramarinblau und arbeiten Sie den Rand des Fruchtstandes mit Pinselführung nach Struktur aus.

8 Mit der gleichen Farbmischung wie in Schritt 7 malen Sie die Blütenblätter, die im Schatten liegen, und zusätzlich den dunklen Teil des Fruchtstandes.

9 Den hellen Teil des Fruchtstandes malen Sie mit einer Mischung aus Kadmiumgelb hell und Ultramarinblau.

6 Pflanzen

10 Der zweite Farbauftrag mit pastoser Konsistenz ist abgeschlossen. Sie können ihn so oft es Ihnen nötig erscheint wiederholen, damit die Farben besser decken und das Bild mehr Farbintensität und Tiefe bekommt.

11 Arbeiten Sie nun die äußeren Elemente des Fruchtstandes nacheinander aus, und zwar im Grunde von dunkel nach hell. Beginnen Sie mit einer Farbmischung wie in Schritt 7, allerdings mit einem größeren Anteil Ultramarinblau. Danach ist Titanweiß an der Reihe und zum Schluss setzen Sie noch einzelne Tupfer mit Kadmiumgelb hell.

12 Heben Sie mit der Farbmischung aus Schritt 11 die dunkelsten Stellen hervor.

Schritt für Schritt: Eine Sonnenblume

13 Setzen Sie Lichter mit Titanweiß, das mit einer Spur Kadmiumgelb hell gebrochen wurde.

14 Der Hintergrund wurde pastos mit Titanweiß und etwas Ultramarinblau ausgearbeitet. Dazu zählen auch die größeren hellen Stellen in der Nähe des Stängels.

ZUSAMMENFASSUNG

Für Blütenblätter im Schatten zum Orange etwas Ultramarinblau.

Blütenblätter mit Kadmiumgelb hell und schrittweise mehr Zinnoberrot.

Sehr helles Blau des Hintergrundes kontrastiert mit den Blütenblättern.

Fruchtstand nach Struktur ausarbeiten.

Schritt für Schritt
Bunte Blumenwiese

Die Vielfalt der Arten ist eines der wesentlichen Merkmale einer saftigen **Blumenwiese.** Zahlreiche verschiedene **Gräser** stehen dicht nebeneinander, im Wettbewerb um **Sonnenstrahlen.** Mohnblumen, **Margeriten, Löwenzahn, Gänseblümchen,** Butterblume und viele andere sind bunte Tupfer aus allen Zonen des Farbkreises. Je nach Perspektive und Wetterlage kann ein dramatischer Himmel besondere Akzente setzen. Aus den vielen Details ein Ganzes mit interessanter Komposition zu formen ist die besondere Aufgabe für den Maler.

Material
Bespannter Keilrahmen 30 x 30 cm, Bleistift, Fixativ, Haushaltsschwamm, Flachpinsel 10 und 18 mm, Rundpinsel Größe 4 und 8, Glas Wasser, Baumwolltuch oder Haushaltspapier, Palette, die Farben Chromgelb, Zinnoberrot, Preußischblau, Titanweiß, Karmesinrot, Ultramarinblau, Kadmiumgelb hell, Schwarz

 Chromgelb
 Zinnoberrot
 Preußischblau
 Titanweiß
 Karmesinrot
 Ultramarinblau
 Kadmiumgelb hell
 Schwarz

1 Halten Sie in der Vorzeichnung mit Bleistift die Konturen der dominierenden Pflanzen fest. Fixieren Sie den Bleistift, bis nichts mehr verwischt.

Schritt für Schritt: Bunte Blumenwiese

2 Tragen Sie mit einem Haushaltsschwamm dünn und wässrig eine Mischung aus Chromgelb und Zinnoberrot auf. Diese Imprimatur gibt dem Bild einen warmen Grundton.

3 Legen Sie die Gräser an mit verschiedenen Mischungen aus Chromgelb, Zinnoberrot, Preußischblau und dazu gelegentlich einen Schuss Titanweiß zum Abtönen.

4 Die Imprimatur und der erste Farbauftrag für die Gräser und Blumen sind mit dieser Phase abgeschlossen.

5 Malen Sie den Himmel in drei Phasen. Beginnen Sie mit einer Mischung aus Titanweiß und etwas Preußischblau. Geben Sie anschließend der Mischung etwas mehr Preußischblau und ein wenig Karmesinrot bei für ein Blau mit leichtem Violettstich. Zum guten Schluss tupfen Sie mit recht trockenem Pinsel ein wenig Titanweiß in den Himmel. Die Imprimatur darf dabei teilweise durchscheinen.

6 Pflanzen

6 Nach den Pflanzen ist nun zusätzlich der Himmel fertig angelegt.

7 Arbeiten Sie die Gräser mit denselben Farben aus wie in Schritt 3. Zu diesen Mischungen geben Sie auch Ultramarinblau und Kadmiumgelb hell.

Empfehlung

Ein besonders interessanter Effekt entsteht, wenn Sie einzelne Farben pur gemeinsam auf den Pinsel nehmen und auf den Malgrund schwungvoll auftragen. Die Farben vermischen sich teilweise.

Ultramarinblau, Zinnoberrot und Kadmiumgelb hell unvermischt auf den Pinsel genommen und vermalt.

8 In diesem Schritt arbeiten Sie die Blüten mit Chromgelb und Zinnoberrot aus. Verwenden Sie dazu – zurückhaltend – auch die links beschriebene Technik, also beide Farben unvermischt auf den Pinsel genommen.

9 Trüben Sie die Grünmischungen von Schritt 3 und 7 mit Schwarz, um damit die dunkelsten Stellen der Blumen und Gräser zu betonen.

Schritt für Schritt: Bunte Blumenwiese

10 Setzen Sie letzte Akzente, indem Sie die hellen Stellen der Blumen und Gräser satt deckend mit einer Mischung aus Chromgelb und etwas Zinnoberrot malen, an ausgewählten Stellen auch mit Chromgelb oder Zinnoberrot unvermischt.

11 Fügen Sie ein paar Blumen und Gräser dazu, bis die richtige Bildtiefe entsteht. Arbeiten Sie den Himmel im Anschluss mit Titanweiß, Preußischblau, etwas Zinnoberrot und ein wenig Chromgelb fertig aus.

ZUSAMMENFASSUNG

Dramatischer Himmel.

Konturen der Pflanzen fein ausarbeiten.

Blüten leuchtend hervorheben.

Warmer Grundton durch Imprimatur.

6 Pflanzen

Spezial
Grüntöne

Wenn es um Farben und ums Farbenmischen geht, dann gehören die Grüntöne in der Malerei zu den schwierigeren. Beim Versuch, mit einem Grün aus der Tube oder aus der Flasche einen Baum, einen Strauch oder eine Wiese als Fläche zu malen, werden Sie rasch feststellen, dass das Grün unnatürlich wirkt. Für eine naturalistische Darstellung von Grüntönen sind Sie also darauf angewiesen, sie aus anderen Farben zu mischen.

Ein Teil des Parks von Eyrignac in Südfrankreich als Foto und als Gemälde.

GELB UND BLAU

Bevor Sie sich mit dem Mischen von Grüntönen befassen, legen Sie sich zunächst einmal alle gelben und blauen Farben zurecht, die sie haben. Denn Gelb und Blau ergeben ja nach der Farbenlehre Grün.

Zu den in diesem Buch verwendeten Gelbtönen gehören Primärgelb, Kadmiumgelb hell, Chromgelb und Lichter Ocker. Blautöne sind Ultramarinblau, Kobaltblau und Preußischblau.

Nun können und sollten Sie sich, wie auf den Seiten 22 und 23 vorgestellt, eine Farbmischtabelle mit Grüntönen anlegen, die Sie aus den verschiedenen Gelb und Blau mischen.

Falls Sie sich nun fragen: Wozu dann überhaupt fertige grüne Farben kaufen?, lautet die Antwort schlicht: Um auch sie mit anderen Farben zu natürliche(re)n Grüntönen zu mischen. Fügen Sie also Ihrer Farbtabelle auch Mischungen aus Chromoxidgrün feurig und Chromoxidgrün stumpf mit Ihren Gelb- und Blautönen und deren Mischungen hinzu.

ABER AUCH ROT!

Um Grüntöne, die aus Mischungen entstanden sind, noch natürlicher wirken zu lassen, ist es oft notwendig, sie mit einem Rotton zu „brechen". Auf diese Weise bekommen Sie mehr Wärme ins Grün hinein und können auch Töne darstellen, die schon etwas ins Braune tendieren.

Häufig verwendet zum Brechen von Grüntönen wird Zinnoberrot, was man in Anbetracht dieses kräftigen Rots kaum vermuten würde. Aber auch andere Rottöne wie Karmesinrot und Krapprot bis hin zu rötlichen Brauntönen wie Terra di Siena gebrannt kommen infrage.

Und selbstverständlich können Sie jeden Farbton mit Schwarz oder Weiß trüben oder abtönen (Seite 23).

Um Ihnen das Thema auch im Bild zu veranschaulichen, haben wir das Foto einer Parkanlage als Vorlage genommen und malerisch umgesetzt. Wir zeigen Ihnen an ein paar Beispielen, wie wir beim Mischen vorgegangen sind.

Spezial: Grüntöne

1 Trüben Sie Chromoxidgrün stumpf mit Schwarz für die dunklen Stellen der Heckenelemente. Für die hellen Partien mischen Sie Chromoxidgrün stumpf und Lichter Ocker.

2 Für das frische Grün der Wiese mischen Sie Primärgelb und Kobaltblau.

3 Für die dunklen Stellen der Bäume auf der linken Seite mischen Sie Preußischblau und Lichter Ocker und brechen das Grün mit einer Spur Zinnoberrot. Für die helleren Partien der Bäume geben Sie der Mischung Kobaltblau und Primärgelb bei.

4 Aus Preußischblau, Titanweiß und etwas Lichter Ocker entsteht die Farbmischung für die Bäume im Hintergrund.

Schritt für Schritt
Trauerweide am See

Ohne Bäume ist, gerade für uns Mitteleuropäer, die Flora eigentlich gar nicht vorstellbar. Aus Wurzel, Stamm, Ästen, Zweigen, Blättern und temporär Früchten bestehend, gehören Bäume zu den beeindruckendsten Pflanzen, die wir kennen. Die Trauerweide auf unserem Bild gibt es wirklich, und zwar in einem Park in Brüssel. Auf außergewöhnliche Art und Weise hat sie sich zum Wasser, fast sogar ins Wasser geneigt, so, als wollte sie aus dem kleinen See trinken. Für uns Maler ist sie ein fantastisches Motiv, das wir in 16 Schritten auf die Leinwand bannen.

Material
Bespannter Keilrahmen 60 x 80 cm, Graphitstift, Flachpinsel 18 mm, Rundpinsel Größe 6, Glas Wasser, Baumwolltuch oder Haushaltspapier, Palette, die Farben Chromoxidgrün stumpf, Titanweiß, Kadmiumgelb hell, Lichter Ocker, Zinnoberrot, Ultramarinblau, Preußischblau, Chromoxidgrün feurig, Krapprot dunkel

- *Chromoxidgrün stumpf*
- *Titanweiß*
- *Kadmiumgelb hell*
- *Lichter Ocker*
- *Zinnoberrot*
- *Ultramarinblau*
- *Preußischblau*
- *Chromoxidgrün feurig*
- *Krapprot dunkel*

1 Zeichnen Sie die Konturen des Baumes mit Graphitstift, den Sie nicht fixieren. Spiegelungen und Schatten sollten bereits zu sehen sein. Der Hintergrund wird angedeutet.

Schritt für Schritt: Trauerweide am See

2 Legen Sie die Baumkrone an den dunkelsten Stellen mit Chromoxidgrün stumpf an. Für die helleren Bereiche tönen Sie schrittweise mit Titanweiß ab.

3 Zur hellsten Grünmischung geben Sie etwas Kadmiumgelb hell dazu und legen damit gelblich schimmernde Zonen der Baumkrone sowie die Wiese an.

4 Für die dunkelsten Stellen im Wasser unterhalb des Baumes verwenden Sie eine Mischung aus Preußischblau, Lichter Ocker und ein wenig Zinnoberrot.

5 Für den Baumstamm wählen Sie eine Mischung aus Preußischblau, Chromoxidgrün feurig und Krapprot dunkel. Malen Sie ihn nach Struktur.

6 Pflanzen

6 Der Hintergrund wird in zarten Grüntönen mit viel Wasser vermischt angelegt. Die hellsten Spiegelungen im Wasser in Hellblau sind mit einer Mischung aus Titanweiß und etwas Preußischblau hergestellt. Die dunkelsten Stellen der Baumkrone haben Sie bereits mit einer Mischung aus Chromoxidgrün stumpf und etwas Zinnoberrot mit dem Pinsel getupft.

7 Arbeiten Sie nach den dunkelsten Stellen der Baumkrone nun die helleren aus. Dazu verwenden Sie zunächst eine Mischung aus Chromoxidgrün stumpf mit etwas Ultramarinblau und Titanweiß. Tupfen Sie die Farbe mit dem Pinsel nach der Struktur der Baumkrone auf. In den dunklen Bereichen setzen Sie die Tupfen dichter. Setzen Sie in den helleren Bereichen aber auch ein paar dunkle Tupfen und umgekehrt. Die hellste Mischung besteht aus Ultramarinblau, Kadmiumgelb hell, etwas Chromoxidgrün stumpf und Titanweiß. Mit dem trockenen Pinsel und ganz wenig Titanweiß setzen Sie Streifen in alle helleren Schichten der Grüntöne.

8 Die Baumkrone ist ausgearbeitet.

Tipp
Nehmen Sie die Abstufungen in der Distanz über die Tonwerte des Grüns vor. Das heißt hier: Je weiter weg etwas ist, desto heller (durch Abtönen mit Weiß) wird der Grünton unter immer mehr Zugabe von Blau.

Schritt für Schritt: Trauerweide am See

9 Mit der Farbmischung aus Schritt 5, nun jedoch einer pastosen Konsistenz, arbeiten Sie den Stamm aus. Sichtbare Äste in der Baumkrone malen Sie mit derselben Farbe.

10 Dunkle Spiegelungen im Wasser unterhalb der herabhängenden Äste arbeiten Sie mit vertikaler Pinselführung aus. Die verwendete Farbe ist eine Mischung aus Preußischblau, Lichter Ocker und etwas Zinnoberrot.

Tipp
Stehendes Wasser wird in der Regel mit horizontaler, eine Spiegelung dagegen mit vertikaler Pinselführung gemalt. Etwas Bewegung erzielen Sie, wenn Sie mit einem feinen Pinsel zarte Querlinien auftragen.

11 Helle und hellste Spiegelungen im Wasser malen Sie mit horizontaler Pinselführung. Die dafür notwendigen Farben sind Titanweiß mit ganz wenig Preußischblau sowie reines Titanweiß.

6 Pflanzen

12 Stamm, Äste sowie die Spiegelungen im Wasser sind fertig ausgearbeitet.

13 Arbeiten Sie die Wiese aus mit Chromoxidgrün stumpf, Kadmiumgelb hell, etwas Titanweiß und einer Spur Zinnoberrot. Für die Schatten unter dem Baumstamm mischen Sie Preußischblau, Lichter Ocker sowie in Spuren Titanweiß, Kadmiumgelb hell, Zinnoberrot und dazu, wie zu jeder Schattenfarbe, einen Hauch Ultramarinblau.

14 Malen Sie die Bäume an der Seite in sehr hellen Grün- und Türkistönen. Verwenden Sie dafür die Farbmischungen, die Sie schon kennen, allerdings mit einem größeren Blauanteil und viel mehr Weiß. Die Spiegelungen des Wassers arbeiten Sie in hellem Grün und hellem Blau mit horizontaler Pinselführung aus. Für den hintersten Hintergrund kommt ins Titanweiß ein wenig Preußischblau, die Farbe mit dem Pinsel aufgetupft.

Schritt für Schritt: Trauerweide am See

15 Mit dem Rundpinsel betonen Sie zum Abschluss mit feinen Strichen entlang der Struktur des Blattwerkes die hellsten Stellen mit Titanweiß, Kadmiumgelb hell sowie einem hellen Blau, das Sie wiederum aus den Farben Chromoxidgrün stumpf, Kadmiumgelb hell, Titanweiß und Preußischblau mischen.

16 Nach dem Setzen der Lichter geben Sie dem Hintergrund Struktur durch das Andeuten von Stämmen und Ästen weiterer Bäume. Das andere Ufer bekommt Schatten.

ZUSAMMENFASSUNG

Grüntöne sind mit dem Pinsel getupft.

Seitliche Bäume und der Hintergrund schwächer ausgearbeitet.

Feine Striche heben die Struktur der Blätter hervor.

Bewegung des Wassers durch horizontale Pinselführung.

7 Landschaft

Die Umgebung, der Raum, in dem er lebt, beeindruckt den Menschen. Die dadurch ausgelösten Gefühle veranlassen ihn, sich künstlerisch damit auseinanderzusetzen, sich davon ein Bild zu machen, eine Landschaft zu malen. Unter „Landschaftsmalerei" versteht man die Darstellung von Ausschnitten aus dem von der Natur, vom Menschen oder von beiden bestimmten Lebensraum. Bildinhalte können natürliche Landschaften sein, aber auch Parklandschaften, Stadtlandschaften, Fabriklandschaften und viele andere mehr.

Von der Nebensache zum Bildgegenstand

Landschaftsmalerei mit einer Darstellung des Lebensraumes als wichtigem Bildgegenstand gibt es im Grunde erst seit dem ausgehenden Mittelalter. Zuvor kam die Umgebung in der künstlerischen Darstellung kaum über den Rang einer Nebensache hinaus. Andeutungen von Gebäuden oder Geländeformationen dienten lediglich dazu, die Figuren im Vordergrund in einen Kontext einzubetten.

Erst als sich die Ansicht des Menschen über die Natur änderte – die Welt war nicht mehr nur der verderbliche, zwangsweise zu absolvierende Übergang ins Glück des Jenseits –, bemühten sich auch zeitgenössische Maler, die Wirklichkeit durch genaue Beobachtung einzufangen und darzustellen, mit einem neuen, ästhetischen Blick auf die Landschaft. Dazu gehörte selbstverständlich auch der Versuch, den Raum in seiner Tiefe abzubilden, die Atmosphäre und die besonderen Erscheinungsformen zu erfassen, die verschiedene Tageszeiten mit sich bringen. Künstler stellten systematische Studien verschiedener Perspektiven an und entwickelten ihre Fähigkeit weiter, durch leuchtende Brillanz der Farben, durch feinste Farbabstufungen und durch eine neue Aufmerksamkeit für die Wirkungen von Licht und Schatten Raumwirkung sowie Licht- und Luftphänomene bestmöglich abzubilden.

Nach und nach rückten Figuren oder mythologische Inhalte immer mehr an den Rand und die Landschaft wurde zum eigentlichen Bildthema – bis hin zum ersten reinen Landschaftsbild ohne Figuren, das um 1522 entstand. Gleichwohl blieben Architekturen und Figuren der Landschaftsmalerei weiter erhalten. Die Landschaft blieb also Schauplatz mythologischer oder historischer Szenen.

Eine Seenlandschaft mit lebhaften Wolkenformationen.

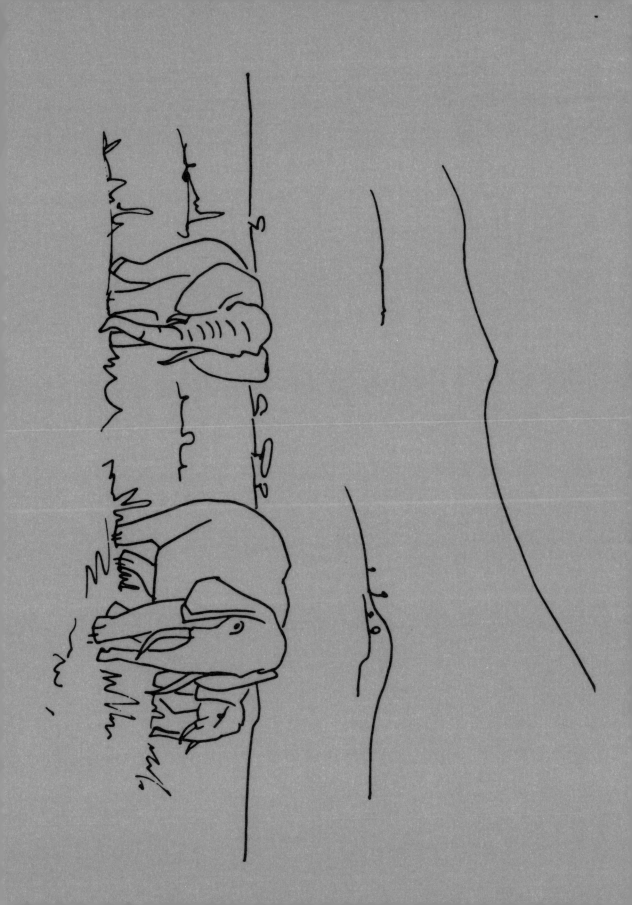

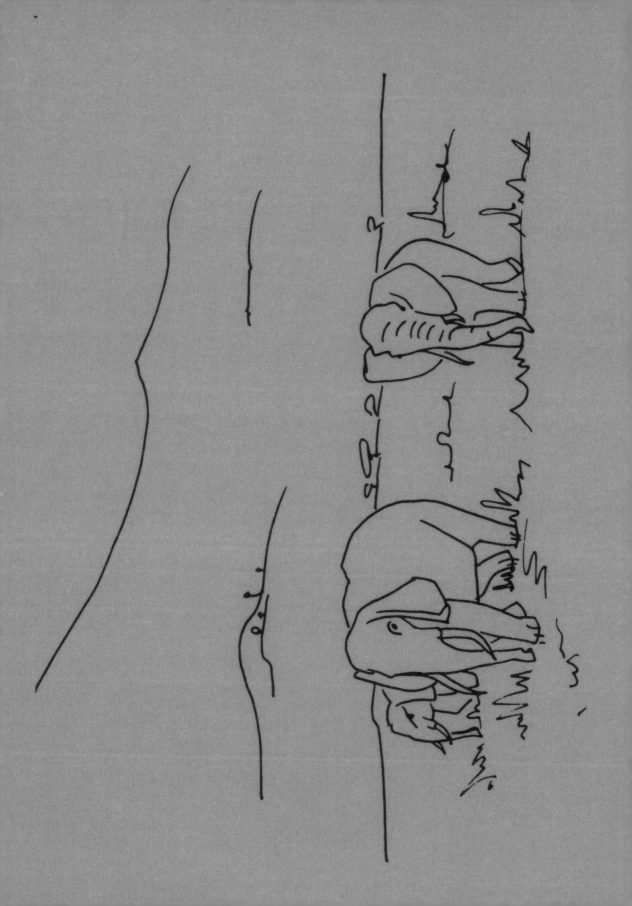

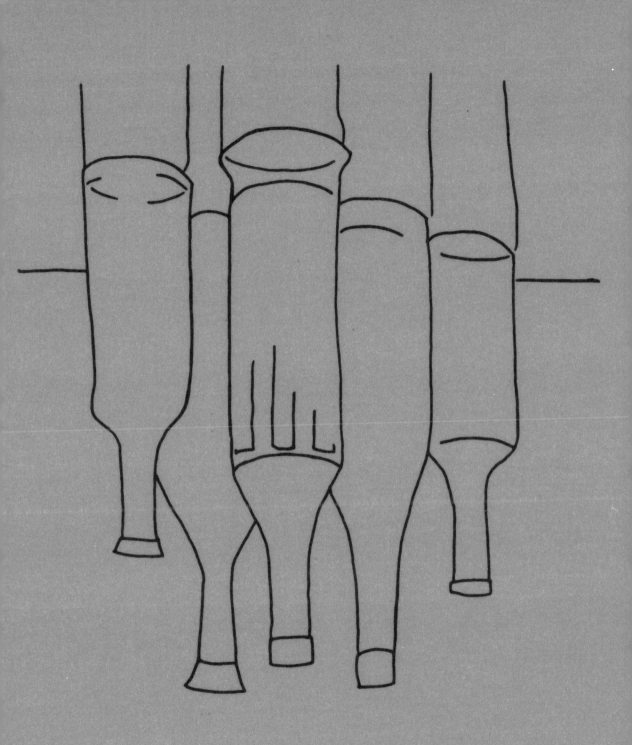

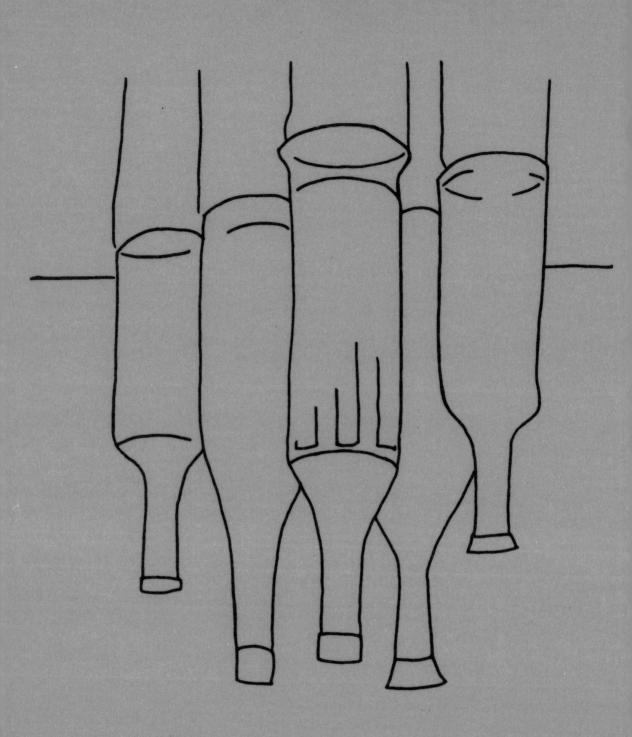

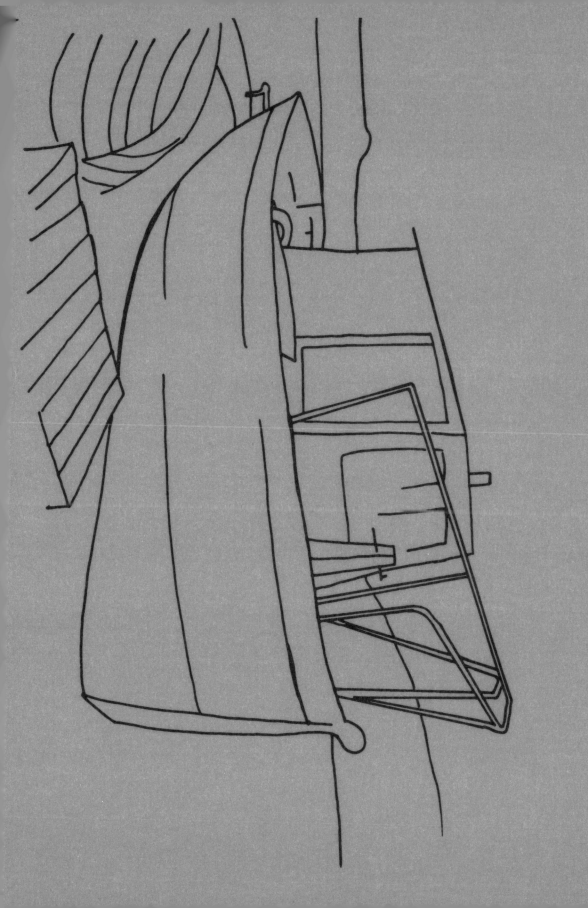

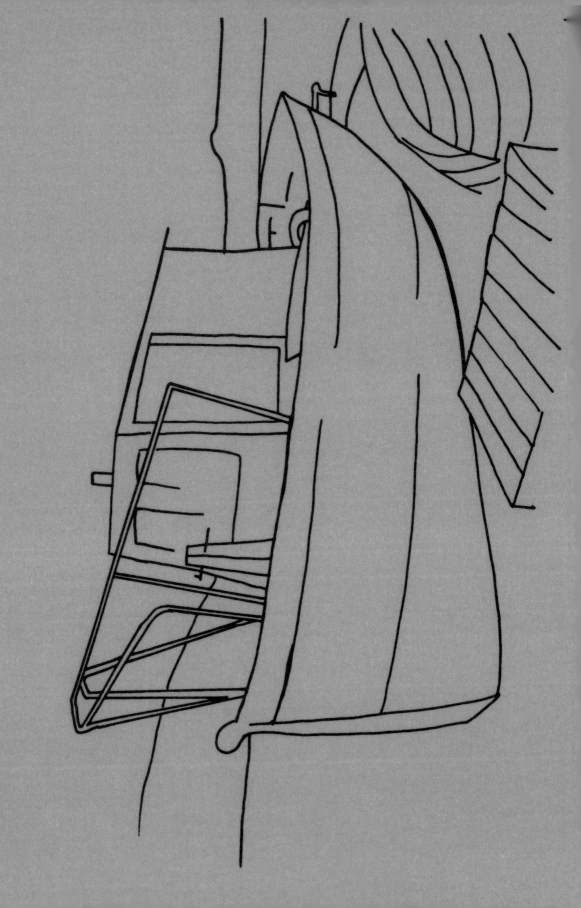

Landschaft

Ein breiter Fächer

Als die Kunst im 17. Jahrhundert Einzug in die Häuser des niederländischen Bürgertums hielt, waren Landschaftsbilder sehr gefragt. Das Sujet fächerte sich bald auf in Gebirgs-, Wald-, Küsten- und Flusslandschaften, Fantasielandschaften, topografische Landschaften, Seestücke, Winterlandschaften und mehr. Inhaltlich wenig bedeutend, zeichneten sich die Werke aber durch erstklassige Ausarbeitung aus in Sachen Farbabstufungen, Luftperspektive und differenzierte Lichteffekte. In der Farbauswahl gab es aber zeitweise auch eine Vorliebe für monochrome Bilder in Blau-, Grün- und Erdtönen.

Im 19. Jahrhundert kam neue Bewegung in die Landschaftsmalerei. Hellere und grelle Farben wurden immer wichtiger, derweil sich das Interesse vom Motiv auf die Malweise verlagerte. Die Ordnung von Formen und Farben auf dem zweidimensionalen Feld des Bildes stand im Vordergrund. Das Bild wurde zur eigenen Wirklichkeit und war nicht mehr nur deren Abbildung.

Die romantische Landschaftsmalerei mit dem Ziel, Emotionen auszulösen, gab es aber weiterhin. Sie wurde mit dem Impressionismus leicht und luftig. Gemalt wurde draußen, die Farben flossen ineinander. Die Wahrnehmung der Dinge wurde wichtiger als ihre Bedeutung.

Spannungsreiche Dorfidylle vor Flusslandschaft.

Eine Landschaft am Morgen kurz nach Sonnenaufgang.

Monochromes Landschaftsbild in Brauntönen.

Archetypisches Landschaftsbild im Postkartenstil.

7 Landschaft

Spezial
Wolken

Kaum eine Landschaft ohne Wolken. Einerseits sind wolkenlose Tage, zumindest in unseren Breiten, eine seltene Ausnahme. Andererseits macht eine schöne Wolkenformation einen Himmel erst richtig interessant. Zusammen mit den Lichtstrahlen der tief stehenden Sonne ergeben sich immer wieder dramatische Effekte. Vom Standpunkt der Komposition aus betrachtet, sind Wolken beim Malen eines Bildes zum Ausgleich einsetzbar, wenn es um das ausgewogene Verteilen der Bildinhalte geht und an einer bestimmten Stelle ein Gegengewicht geschaffen werden soll. Wolken sind ein eigenes Bildelement und werden beim Anlegen eines Himmels immer zuerst gemalt.

FARBEN, TECHNIK, FORMEN

Um Wolken auf bestmögliche Art und Weise zu malen, sind drei Aspekte besonders wichtig:
1. die Auswahl der Farben,
2. die richtige Pinselführung,
3. das Malen nach Form.

Für Schönwetterwolken nutzen Sie zum Malen ihrer dunklen Bereiche eine Mischung aus Terra di Siena gebrannt und Ultramarinblau. Schwere Regenwolken malen Sie mit Umbra natur und Preußischblau. Viel Titanweiß zum Abtönen der Farben ist selbstverständlich. Je nach Wetter und Tageszeit können zahlreiche andere Farben dazukommen, beispielsweise Gelb, Orange, Violett etc.

Mit dem Pinsel tragen Sie zum Ausarbeiten zunächst die dunkle Farbe auf, um sie mit viel Titanweiß nach Volumen in Halbkreisbewegungen zu vermischen. So geben Sie einer Kumulus-Wolke ihr typisches Aussehen.

Mit der Bilderserie auf dieser Doppelseite wollen wir Ihnen veranschaulichen, wie das Malen von Wolken am besten von der Hand geht.

1 Nach der Vorzeichnung legen Sie die Wolken mit Terra di Siena gebrannt, Ultramarinblau und Titanweiß mit Wasser verdünnt an. Achten Sie schon jetzt darauf, den Pinsel nach Volumen zu führen.

2 Die Wolken wurden als Hauptelement des Bildes zuerst angelegt.

Spezial: Wolken

3 Bei der Nass-in-Nass-Technik (gut für weiche Übergänge) konzentrieren Sie sich stets auf einen Abschnitt einer Wolke. Tragen Sie zunächst einen Streifen der dunklen Farbe pastos auf, darüber recht viel Titanweiß und vermischen Sie die Farben mit Halbkreisbewegungen des Pinsels.

4 Wenn Sie noch helle Mischfarbe auf dem Pinsel haben, können Sie einen neuen Abschnitt auch damit beginnen und die dunkle Farbe von unten her nachtragen.

5 Hintere Wolken sind an den Stellen des Übergangs und unten dunkler, an oberen und vorne liegenden Bereichen heller. Dementsprechend tupfen Sie dunkle Stellen für jede Wolke auf und verarbeiten sie mit Titanweiß.

6 Verstärken Sie die hellen Stellen mit immer mehr Titanweiß. Durch das Verstärken der Tonwerte (Hell-Dunkel) wirken die Wolken insgesamt plastischer.

7 Zum Abschluss überarbeiten Sie die schon angetrocknete Farbe noch einmal mit Titanweiß, damit die weißen Wolkenbestandteile weiter in den Vordergrund treten.

Schritt für Schritt
Dramatischer Himmel

Wolke ist nicht gleich Wolke. Ein gelegentlicher Blick in den Himmel liefert dafür die Bestätigung. Wer sich mit der Landschaftsmalerei auseinandersetzt, wird nicht umhinkommen, auch den Wolken und ihren vielfältigen Erscheinungsformen seine Aufwartung zu machen. Es gibt allein 4 Wolkenfamilien mit 10 Gattungen, 14 Arttypen, 9 Unterarttypen und dazu noch 9 Sonderformen. Sie merken schon: Wolken sind auch für den Maler eine echte Herausforderung – und sie sind im Himmel ein eigenes Bildelement, dem ein besonderes Augenmerk gilt.

Material
Bespannter Keilrahmen 60 x 80 cm, Haushaltsschwamm, Rötelkreide, Flachpinsel 20 und 32 mm, Glas Wasser, Baumwolltuch oder Haushaltspapier, Palette, die Farben Zinnoberrot, Chromgelb, Titanweiß, Ultramarinblau, Terra di Siena gebrannt, Karmesinrot

- Zinnoberrot
- Chromgelb
- Titanweiß
- Ultramarinblau
- Terra di Siena gebrannt
- Karmesinrot

1 Bevor Sie die Vorzeichnung anfertigen, tragen Sie mit dem Haushaltsschwamm eine Imprimatur mit stark verdünntem Ultramarinblau auf. Die Konturen der Wolken zeichnen Sie mit Rötelstift, den Sie in diesem Fall nicht fixieren.

Schritt für Schritt: Dramatischer Himmel

2 Legen Sie die Wolken an mit Mischungen aus Zinnoberrot, Chromgelb und Titanweiß. Führen Sie den Pinsel in Halbkreisbewegungen.

3 Dunkle Stellen legen Sie nur mit Zinnoberrot an, und zwar etwas deckender und mit eher trockenem Pinsel.

4 Verstärken Sie dunkle Partien durch einen Violettton, den Sie aus Ultramarinblau und Zinnoberrot mischen. Zum Abtönen verwenden Sie Titanweiß.

5 Das Gesamtbild nach Arbeitsschritt 4.

6 Verstärken Sie die hellsten Stellen mit Titanweiß.

7 Landschaft

7 Dunkeln Sie, von der Imprimatur ausgehend, den Himmel in der unteren Bildhälfte ab mit Ultramarinblau und einer Spur Terra di Siena gebrannt.

8 Arbeiten Sie dunkle Wolken mit einer Mischung aus Ultramarinblau und Karmesinrot pastos aus.

9 Durch die ausgeprägten Hell-Dunkel-Werte entsteht eine außerordentliche Plastizität.

10 Malen Sie mit einer Mischung aus Titanweiß, Chromgelb, ein wenig Zinnoberrot und etwas Terra di Siena gebrannt dünn mit trockenem Pinsel an ausgewählten Stellen über die Wolken damit ein „rauchiger" Eindruck entsteht.

11 Helle Stellen malen Sie mit einer Mischung aus Titanweiß und etwas Chromgelb.

Schritt für Schritt: Dramatischer Himmel

12 Das Bild ist fertig. Die dunkelsten Stellen wurden mit einer Mischung aus Ultramarinblau und Karmesinrot betont.

ZUSAMMENFASSUNG

Orange-Töne für einen dramatischen Abendhimmel.

„Rauchiger" Eindruck nach Übermalen mit trockenem Pinsel.

Runde Formen durch halbkreisförmige Pinselschwünge.

Plastizität durch Betonen der Hell-Dunkel-Werte.

Schritt für Schritt
Warm und kalt

Unter den reichhaltigen Skalen der Farben gibt es einerseits die der warmen Farben, dazu gehören alle **Rottöne** über das **Orange** bis hin zum **Gelb** und über **Rotviolett**, **Braun** bis hin zum **Ocker**. Zu den kalten Farben zählen alle **Blautöne** über das **Türkis** bis hin zum **Grün**.

Um die Wirkungen verschiedener Farbskalen auszuprobieren und damit Erfahrungen zu sammeln, ist es eine gute Übung, das gleiche (Landschafts-)Bild einerseits mit warmen, andererseits mit kalten Farben zu malen. Wir zeigen Ihnen die Entstehung mit warmen Farben und stellen danach das Bild in kalten Farben gegenüber.

Material
Bespannter Keilrahmen
60 x 80 cm, Bleistift,
Flachpinsel 6 mm,
14 mm, 20 mm,
Glas Wasser, Baumwolltuch
oder Haushaltspapier,
Palette,
die Farben Zinnoberrot,
Krapprot dunkel,
Chromgelb, Umbra natur

 Zinnoberrot

 Krapprot dunkel

 Chromgelb

 Umbra natur

1 Halten Sie die Konturen der Landschaft in der Vorzeichnung mit Bleistift fest. Die Details im Vordergrund bekommen ein besonderes Augenmerk.

Schritt für Schritt: Warm und kalt

2. Legen Sie das Feld im Vordergrund mit Zinnoberrot an. Tragen Sie die Farbe getrost schon ein wenig kräftiger auf. Die Felder im Mittel- und im Hintergrund legen Sie ebenfalls mit Zinnoberrot an, allerdings deutlich zarter.

3. Feldränder, Wiese sowie die Schattenseite der Pfosten und Wege malen Sie kräftig mit Krapprot dunkel.

4. Felder im Hintergrund malen Sie unterschiedlich zart mit Krapprot dunkel mit Wasser verdünnt. Führen Sie den Pinsel nach der Struktur der Felder. Den hintersten Hintergrund (Hügel und Himmel) deuten Sie ebenfalls mit Krapprot dunkel an, sehr stark mit Wasser verdünnt.

5. Legen Sie mit Chromgelb die von der Sonne beschienenen Seiten dünn an. Dabei malen Sie auch über bereits angelegte Flächen.

6. Zarte Gelbtöne kommen auch im Hintergrund und im Himmel vor.

7 Landschaft

7 Mit Umbra natur setzen Sie dunkle Akzente im Vordergrund. Dazu gehören die Schattenbereiche der Pfosten, die Wege zwischen den Feldern und die Gräser der Wiese.

8 Je weiter hinten Bereiche der Landschaft liegen, desto heller und verwaschener setzen Sie Umbra natur ein. Hier arbeiten Sie eher mit trockenem Pinsel.

9 Verstärken Sie rote Stellen, besonders im Vordergrund, noch einmal mit Zinnoberrot. Im Himmel deuten Sie mit Zinnoberrot einige Wolken an.

10 Durch das Verstärken der dunklen Stellen mit Umbra natur und den Einsatz von Zinnoberrot hat das Bild noch mehr Tiefe gewonnen.

11 Setzen Sie letzte Akzente mit Krapprot dunkel.

> **Tipp**
> Anstatt eine fertige braune Farbe zu verwenden, können Sie zu warmen Rottönen ein kühles Grün mischen, um einen warmen Braunton zu erhalten.

LANDSCHAFT IN KALTEN FARBEN

Das gleiche Bild können Sie aber auch in kalten Farben malen. Wir haben dazu verwendet: Titanweiß, Kobaltblau, Ultramarinblau, Preußischblau, Chromoxidgrün feurig, Chromoxidgrün stumpf und Karmesinrot. Das Karmesinrot gehört zwar zu den warmen Farben, hier wird es aber benutzt, um zusammen mit einem Blau ein kühles Violett zu mischen.

Durch die kalten Farben entsteht eine winterliche Stimmung, die aber sehr reizvoll ist.

Schritt für Schritt: Warm und kalt

12 Blick auf Essenheim in ausschließlich warmen Farben gemalt.

Blick auf Essenheim in ausschließlich kalten Farben gemalt.

Schritt für Schritt
Irische Seenlandschaft

Irland ist eine grüne Insel. Das liegt auch und vor allem an den reichlich fallenden Niederschlägen. Immer wieder sammelt sich Wasser in kleinen Seen, aus denen hier und da große Büschel von Gräsern herausschauen, bevor es ins Meer fließt. Eine Tiefdruckwetterlage mit häufig wechselnden Himmelsszenarien tut ihren Teil dazu, um bei vorübergehend strahlender Sonne vor dem Hintergrund sanft geschwungener Hügel herrliche Motive hervorzubringen. Unser Bild entstand im Südwesten Irlands am Skellig Ring im County Kerry.

Material
Bespannter Keilrahmen 60 x 70 cm, Rötelkreide, Flachpinsel 12 mm und 18 mm, Glas Wasser, Baumwolltuch oder Haushaltspapier, Palette, die Farben Preußischblau, Lichter Ocker, Terra di Siena gebrannt, Titanweiß, Ultramarinblau, Kadmiumgelb hell, Schwarz

 Preußischblau

 Lichter Ocker

 Terra di Siena gebrannt

 Titanweiß

 Ultramarinblau

 Kadmiumgelb hell

 Schwarz

1 Die Vorzeichnung mit Rötelkreide wird nicht fixiert, sondern im ersten Farbauftrag zum Teil mit vermalt. Achten Sie schon jetzt auf die Struktur des Grases im Wasser und dessen richtige Proportionen. Konturen im Vordergrund zeichnen Sie deutlich, zum Mittel- und Hintergrund hin werden sie immer unklarer.

Schritt für Schritt: Irische Seenlandschaft

2 Legen Sie die erste Farbschicht des Wassers, der Hügel und des Himmels dünn mit Preußischblau an.

3 Lichter Ocker verwenden Sie für die Gräser, den Ufersaum und einen Teil der Wolken. Aus Lichter Ocker und Preußischblau mischen Sie einen Grünton, sehr stark mit Wasser verdünnt. Damit legen Sie das Wasser vor den Grasbüscheln an, die Wiese links vom See sowie Teile der Hügel.

4 Terra di Siena gebrannt nutzen Sie für die dunkleren Bereiche der Gräser und des Ufersaumes.

> **Tipp**
> *Legen Sie in jedem Landschaftsbild zuerst den Horizont fest. Entscheiden Sie sich klar, ob Sie mehr Wert auf den Himmel oder auf die Landschaft legen. Bilder, auf denen der Horizont in der Mitte verläuft, wirken oft langweilig.*

5 Aus Terra di Siena gebrannt und Preußischblau mischen Sie ein Grau, mit sehr viel Wasser verdünnt und dadurch aufgehellt, mit dem Sie Teile des Wassers, der Hügel und des Himmels anlegen.

6 Arbeiten Sie das Wasser aus, indem Sie Preußischblau mit horizontaler Pinselführung auftragen. Mit Titanweiß markieren Sie helle Stellen, die Sie mit dem Preußischblau vermalen. Mit Terra di Siena gebrannt und Lichter Ocker verfeinern Sie die Gräser und den Ufersaum.

7 Landschaft

7 Für den Himmel verwenden Sie Preußischblau und Titanweiß, nebeneinander aufgetragen und mit horizontaler Pinselführung vermalt. Die Wolken bekommen eine Mischung aus Terra di Siena gebrannt und Ultramarinblau, vermalt mit sehr viel Titanweiß.

8 Berge und Landschaft arbeiten Sie aus mit einem Grünton, gemischt aus Kadmiumgelb hell, Preußischblau und Titanweiß. Im Vordergrund verwenden Sie den Farbton kräftiger, zum Hintergrund hin immer bläulicher und heller.

9 Arbeiten Sie die Gräser fein aus mit Lichter Ocker, Terra di Siena gebrannt und Titanweiß. Spiegelungen im Wasser verfeinern Sie mit Preußischblau, getrübt mit etwas Schwarz.

10 Verstärken Sie die dunkelsten und die hellsten Stellen im Bild und setzen Sie letzte Akzente mit Kadmiumgelb hell, Schwarz, Terra di Siena gebrannt und dem Grünton von Schritt 3.

ZUSAMMENFASSUNG

Horizont festlegen.

Struktur und Proportion der Gräser bestimmen.

Luftperspektive: Berge werden im Hintergrund immer blauer und heller.

Helle Stellen im Wasser durch Vermalen von Preußischblau und Titanweiß.

Schritt für Schritt
Landschaft monochrom

In einer bunten Welt voller Farben kann es leicht zu einer Übersättigung kommen. Kein Wunder also, dass es in der Malerei auch Strömungen gibt, die sich mit einfarbigen – monochromen – Bildern beschäftigen. Ohne Zweifel: Monochrome Bilder haben einen besonderen Reiz und eine ganz eigene Ausstrahlung. Sie wirken puristisch, sind schlicht und schön. Wir stellen Ihnen hier eine Landschaft vor, die mit nur einer **braunen Farbe** sowie den unbunten Farben **Weiß und Schwarz** gemalt wird.

Material
Bespannter Keilrahmen 60 x 80 cm, Bleistift, Flachpinsel 12 mm, 18 mm und 28 mm, Glas Wasser, Baumwolltuch oder Haushaltspapier, Palette, die Farben Vandykebraun, Titanweiß, Schwarz

 Vandykebraun

 Titanweiß

 Schwarz

1 Zeichnen Sie die Konturen der Landschaft mit Bleistift. Legen Sie dabei den Horizont fest und beachten Sie die Perspektive des Weges und der zum Hintergrund hin kleiner werdenden Bäume und Pfosten.

7 Landschaft

2 Nehmen Sie Vandykebraun und Schwarz auf die Palette und malen Sie mal mit Braun, mal mit Schwarz die Bäume. Arbeiten Sie ohne den üblichen ersten Farbauftrag, sondern direkt deckend, also mit pastoser Konsistenz.

3 Die Bäume sind fertig gemalt.

4 Nun sind die Zaunpfosten an der Reihe. Malen Sie sie mit Vandykebraun und Schwarz und geben Sie Titanweiß dazu, um mit dem Pinselstrich das Volumen aufzunehmen.

5 Den Weg malen Sie flächig Nass in Nass mit allen drei Farben.

6 Mit derselben Technik wie in Schritt 5, aber mit viel mehr Titanweiß, malen Sie die Wiesenflächen links und rechts des Weges. Fügen Sie die Schatten der Bäume und Zaunpfosten ein.

7 Mit allen drei Farben, wobei Vandykebraun und Schwarz dominieren, malen Sie Gräser und Büsche am Wegesrand.

Schritt für Schritt: Landschaft monochrom

8 Verstärken Sie die dunkelsten Stellen mit Schwarz und die hellsten mit Titanweiß.

9 Der Himmel wurde ohne Wolken hell mit viel Titanweiß gemalt, oben etwas dunkler, zum Horizont hin heller. Die Horizontlinie wurde etwas abgedunkelt.

ZUSAMMENFASSUNG

Farbe wird direkt pastos aufgetragen.

Hauptfarbe Vandykebraun nur durch Weiß abgetönt und durch Schwarz getrübt.

Himmel ohne Wolken hell mit viel Titanweiß.

Perspektivische Darstellung, unterstützt durch Bäume und Zaunpfosten in Reihe.

8 Architektur

Architekturmalerei setzt sich künstlerisch mit den Gebäuden auseinander, die von Menschen geschaffen wurden. Dabei reicht die Spannweite von der einfachsten Hütte bis zum Wolkenkratzer. Gebäude sind wohl deshalb so interessant, weil ihre Erbauer in jeder Epoche versuchten, ihnen über die Funktionalität hinaus ein attraktives Äußeres zu geben. Das fasziniert die Besucher fremder Städte genauso wie den Maler, der sie mit Farbe und Pinsel festhält. Motive gibt es schließlich in Hülle und Fülle, oft direkt vor der eigenen Haustür.

Perspektive

Bilder, auch und gerade von Gebäuden, wirken erst dann spannend, wenn der Maler in der Lage war, auf der zweidimensionalen Leinwand einen räumlichen Eindruck entstehen zu lassen, er also dreidimensionale Objekte perspektivisch richtig darstellt. Schon die Griechen, mehr noch die Römer, kannten die perspektivische Darstellung von Räumen. Danach geriet diese Möglichkeit in Vergessenheit. Bis zum Ausgang des Mittelalters dominierte die Bedeutungsperspektive; die Größe der abgebildeten Figuren und Gegenstände wurde durch deren Bedeutung im Bild festgelegt, eine räumliche Anordnung spielte keine Rolle. Mitte des 15. Jahrhunderts, im Zeitalter der Renaissance, entdeckten zeitgenössische Künstler die Perspektive neu und entwickelten sie zur Zentralperspektive weiter.

Zentralperspektive *mit einem Fluchtpunkt.*

Fluchtpunkte

Die Perspektive ist für räumliche Darstellungen in einem Bild unerlässlich. Alle gedachten oder vorhandenen Linien im Bild führen zu einem oder mehreren Fluchtpunkten. Die Zentralperspektive ist dabei die einfachste, aber zugleich wirkungsvollste für räumliche Darstellungen. Sie hat einen Fluchtpunkt, in dem sich alle in die Tiefe des Raumes führenden Linien treffen müssen. Das Bild, das Sie auf dieser Seite sehen, ist nach diesem Prinzip gestaltet und gemalt worden.

Architektur

Wenn der Standpunkt des Betrachters sich vom Zentrum eines Gebäudes oder einer Gebäudegruppe weg zur Seite bewegt, entsteht ein zweiter Fluchtpunkt, und zwar dadurch, dass die in Wirklichkeit parallelen horizontalen Linien, beispielsweise eines Hauses, auf beiden Seiten von der Ecke aus auf jeweils einen Fluchtpunkt zulaufen. Während die Zentralperspektive mit einem Fluchtpunkt auch als „Ein-Fluchtpunkt-Perspektive" bezeichnet wird, spricht man logischerweise bei deren zwei von der „Zwei-Fluchtpunkte-Perspektive". Das Bild des Hauses auf dieser Seite ist mit zwei Fluchtpunkten perspektivisch dargestellt.

Zwei Fluchtpunkte, *auf die die horizontalen Linien des Hauses zulaufen.*

Tipp
**Fotografieren Sie die Architektur, die Sie malen möchten, zunächst aus verschiedenen Blickwinkeln ohne die Kamera nach oben oder unten zu kippen.
Das Ergebnis ist stets ein guter Anhaltspunkt für eine perspektivisch richtige Darstellung.**

Kein sichtbarer Fluchtpunkt, *zwei Dimensionen.*

BILDGESTALTUNG

Bildgestalter, seien es Fotografen oder Maler, sollten stets die Aspekte der Perspektive und der Fluchtpunkte in ihre Überlegungen einbeziehen, wenn es darum geht, spannende räumliche Darstellungen zu schaffen. Anders gesagt: Wie viele Fluchtpunkte Sie wählen und wo diese sich befinden, sind zwei wesentliche Aufgaben der Bildgestaltung. Denn mit Fluchtpunkten erzielen Sie Dynamik und Raumtiefe; Sie können damit Akzente setzen und Objekte in den Blickpunkt rücken.

Schritt für Schritt
Ein Fluchtpunkt

Eine Straßenszene auf der Insel Mauritius ist für uns Anlass für eine Auseinandersetzung mit dem Phänomen der Zentralperspektive mit einem Fluchtpunkt. Alle Linien, die in den Raum führen und die in Wirklichkeit parallel zueinander verlaufen, münden in einem Punkt am Horizont, den Sie in Ihrer Augenhöhe zuvor festgelegt haben. Bestimmende Horizontalen sind die der Straße und die der Gebäude. Auch die Figuren werden in die perspektivische Darstellung eingebunden.

Material
Acrylblock 50 x 64 cm,
Bleistift,
Flachpinsel 12 mm und 18 mm,
Rundpinsel Größe 4 und 8,
Glas Wasser, Baumwolltuch oder Haushaltspapier,
Palette, die Farben Titanweiß, Schwarz, Ultramarinblau, Kobaltblau, Chromgelb, Lichter Ocker, Umbra natur, Zinnoberrot

Titanweiß
Schwarz
Ultramarinblau
Kobaltblau
Chromgelb
Lichter Ocker
Umbra natur
Zinnoberrot

1 In der Vorzeichnung mit Bleistift legen Sie den von Ihnen gewählten Fluchtpunkt fest und passen alle Bildelemente perspektivisch an.

Schritt für Schritt: Ein Fluchtpunkt

2 Alle Farben in diesem Bild werden direkt deckend gemalt und nebeneinander aufgetragen. Beginnen Sie mit Mischungen aus Titanweiß, Schwarz und Ultramarinblau, mit denen Sie Gebäude und Straßen malen.

3 Beachten Sie die Licht- und Schattenseiten. Lichtseiten malen Sie bis hin zu reinem Weiß, Schattenseiten hingegen werden fast schwarz.

4 Mit einer Mischung aus Chromgelb, Kobaltblau und Titanweiß malen Sie unter anderem die Fensterläden und Geländer mit einem frischen Türkis.

5 Für Schattenbereiche verwenden Sie etwas weniger Titanweiß, stattdessen eine Spur Ultramarinblau.

6 Malen Sie Gebäudeteile, Straßenbereiche sowie einige Personen mit einer Mischung aus Titanweiß, Lichter Ocker und Umbra natur.

8 Architektur

7 Der Himmel und einige Gebäudeteile sind mit einer Mischung aus Ultramarinblau und Kobaltblau gemalt, abgetönt mit Titanweiß. Für dunklere Stellen trüben Sie die Blaumischung mit Schwarz.

8 Verstärken Sie dunkle Akzente mit Schwarz. Dazu gehören neben Personen auch Fahrzeuge.

9 Malen Sie mit trockenem Pinsel Linien mit Schwarz und mit einer Mischung aus Lichter Ocker und Schwarz.

10 Mit einer Mischung aus Lichter Ocker und Zinnoberrot setzen Sie Akzente an den dazu passenden Gebäuden.

Schritt für Schritt: **Ein Fluchtpunkt**

11 Die Gesichter und Arme der Personen wurden mit Lichter Ocker angedeutet. Mit einer Mischung aus Lichter Ocker und Zinnoberrot setzen Sie Akzente in der Kleidung.

ZUSAMMENFASSUNG

Horizont und Fluchtpunkt festlegen.

Perspektivisches Anpassen aller Bildelemente.

Dunkelste Stellen im Vordergrund, zum Hintergrund heller werden.

Farben direkt deckend nebeneinander auftragen.

Schritt für Schritt
Zwei Fluchtpunkte

Sobald der Betrachter nicht mehr zentral vor einem Gebäude oder einer Gebäudegruppe steht und dessen oder deren Wandflächen sich nicht mehr parallel zu ihm befinden, er also auf eine Ecke schaut, entsteht ein zweiter Fluchtpunkt (Seite 119). Am Beispiel eines Hauses in Irland, sozusagen einer Tankstelle für Menschen und Motoren, können Sie das Malen einer Perspektive mit zwei Fluchtpunkten sehr gut üben. Interessant ist übrigens, dass die Fluchtpunkte – wie bei vielen Darstellungen von Einzelgebäuden – außerhalb des Malgrundes liegen.

Material
Bespannter Keilrahmen 30 x 30 cm, Bleistift, Flachpinsel 10 mm, 6 mm und 2 mm, Glas Wasser, Baumwolltuch oder Haushaltspapier, Palette, die Farben Titanweiß, Ultramarinblau, Kadmiumgelb hell, Zinnoberrot, Preußischblau, Chromoxidgrün feurig, Krapprot dunkel, Schwarz

Titanweiß
Ultramarinblau
Kadmiumgelb hell
Zinnoberrot
Preußischblau
Chromoxidgrün feurig
Krapprot dunkel
Schwarz

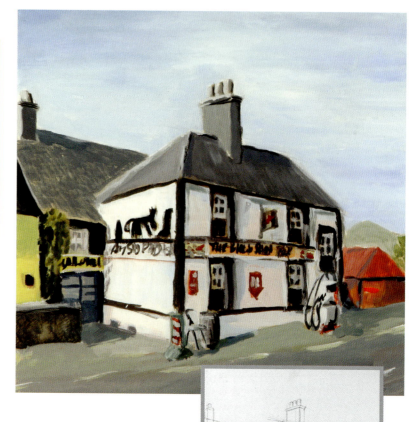

1 In der Vorzeichnung mit Bleistift ziehen Sie die zu den Fluchtpunkten führenden Linien bereits etwas länger.

Schritt für Schritt: Zwei **Fluchtpunkte**

2 Mischen Sie aus Ultramarinblau, Kadmiumgelb hell und Zinnoberrot einen Braunton. Für die hellen Stellen der Hauswand mischen Sie Titanweiß und Wasser dazu. Um Schatten anzulegen, ist etwas mehr Ultramarinblau nötig.

3 Das Dach der kleinen Nachbarhütte auf der rechten Seite legen Sie mit Zinnoberrot an. Für das Orange der Vorderseite geben Sie etwas Kadmiumgelb hell dazu, für den Schatten verwenden Sie wieder Ultramarinblau.

4 Der erste Farbauftrag ist abgeschlossen. Alle Brauntöne sind mit der Mischung aus Schritt 2 erstellt. Die Hauswand im Nachbarhaus links ist mit einer Mischung aus Kadmiumgelb hell und Titanweiß angelegt, der Himmel mit Ultramarinblau, stark mit Wasser verdünnt.

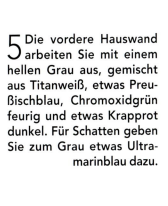

5 Die vordere Hauswand arbeiten Sie mit einem hellen Grau aus, gemischt aus Titanweiß, etwas Preußischblau, Chromoxidgrün feurig und etwas Krapprot dunkel. Für Schatten geben Sie zum Grau etwas Ultramarinblau dazu.

6 Das Fass und den Stuhl im Vordergrund malen Sie mit Grautönen. Für das Fass benutzen Sie an dessen dunkelsten Stellen auch etwas Schwarz.

8 Architektur

7 Mischen Sie aus Ultramarinblau, Kadmiumgelb hell, Zinnoberrot und Schwarz einen dunklen Braunton und arbeiten Sie damit die Balken, die Fensterrahmen und die Abbildungen auf der Hauswand aus.

8 Das Dach malen Sie mit Grautönen. Für Schattenseiten mischen Sie etwas Ultramarinblau dazu. Auf der hellen Seite des Schornsteins geben Sie mehr Titanweiß zum Grau dazu.

9 Für die Schilder benutzen Sie Zinnoberrot, das mit etwas Ultramarinblau gebrochen wurde; die Tüpfel malen Sie mit Titanweiß. Das Schild zwischen den Fenstern ist mit einer Mischung aus Zinnoberrot, Kadmiumgelb hell und Titanweiß grundiert.

10 Das Haus ist fertig ausgearbeitet. Den Schriftzug auf dem Schild haben Sie mit Grautönen dargestellt. Die Bilder rechts und links des Schriftzuges wurden mit verschiedenen Farben getüpfelt.

11 Arbeiten Sie das Nebenhaus in Grün-, Gelb-, Grau- und Blautönen aus.

Schritt für Schritt: Zwei Fluchtpunkte

12 Setzen Sie Akzente an den dunkelsten und den hellsten Stellen.

13 Die Grautöne der Straße sind mit der Mischung aus Schritt 5 entstanden, für den Bürgersteig nahe des Hauses wurde etwas Kadmiumgelb hell beigemischt. Der Himmel ist mit Titanweiß, Ultramarinblau und ganz wenig Preußischblau ausgearbeitet.

ZUSAMMENFASSUNG

Hellste und dunkelste Stellen hervorheben.

Festlegen des Horizonts und der beiden Fluchtpunkte.

Verstärken der Räumlichkeit durch Licht und Schatten.

Gegenstände im Vordergrund ausarbeiten.

Schritt für Schritt
Gasse in Menton

Menton ist ein malerisches Städtchen in Südfrankreich, genauer gesagt an der Côte d'Azur nahe der Grenze zu Italien. Es lohnt sich immer wieder, durch die engen Gassen zu streifen, mit dem Skizzenblock in der Hand auf der Suche nach geeigneten Motiven. Fündig wird man zu jeder Zeit. Die Vorlage für dieses Bild ist an einem herrlichen Septembernachmittag entstanden. Selbstverständlich wurde auch hier die zentralperspektivische Darstellung umgesetzt.

Material
Bespannter Keilrahmen 70 x 50 cm, Rundpinsel Größe 10, Flachpinsel 12 mm und 18 mm, Glas Wasser, Baumwolltuch oder Haushaltspapier, Palette, die Farben Terra di Siena gebrannt, Chromgelb, Kobaltblau, Umbra natur, Ultramarinblau, Lichter Ocker, Schwarz

Terra di Siena gebrannt
Chromgelb
Kobaltblau
Umbra natur
Ultramarinblau
Lichter Ocker
Schwarz

1 Fertigen Sie die Vorzeichnung mit Terra di Siena gebrannt und einem Rundpinsel an.

Schritt für Schritt: Zwei Fluchtpunkte

2 Alle Farben werden nacheinander lasierend aufgetragen. Beginnen Sie mit einem Grünton, gemischt aus Chromgelb und Kobaltblau, dazu eine Spur Terra di Siena gebrannt.

3 Malen Sie die Schattenbereiche – die Sonne kommt von links – mit einem Grauton, gemischt aus Umbra natur und Kobaltblau.

Tipp
Es ist gut möglich, dass die Farbe während des Auftrags etwas verläuft. Das ist nicht schlimm, wenn es sich im Rahmen hält. Seien Sie also vorsichtig, wenn Sie der Farbe Wasser zugeben.

4 Sonnenbeschienene Hauswände und Treppenstufen malen Sie mit Lichter Ocker. Führen Sie den Pinsel mit der Farbe auch über die Schatten.

5 Setzen Sie Akzente auf den dunkelsten Stellen mit Schwarz, etwas pastoser aufgetragen. Mit mehr Wasser vermischt, verstärken Sie Schattenflächen.

6 Betonen Sie helle Stellen an den Gebäuden mit einer Mischung aus Chromgelb und Lichter Ocker.

8 Architektur

7 Den Himmel malen Sie mit einer Mischung aus Kobaltblau und Ultramarinblau, stark mit Wasser verdünnt.

ZUSAMMENFASSUNG

Vorzeichnung mit Rundpinsel.

Perspektivische Darstellung beachten.

Farben werden nacheinander lasierend aufgetragen.

Licht und Schatten verstärken den räumlichen Eindruck.

Urlaubserinnerungen

Urlaub: für viele Menschen die schönste Zeit des Jahres. Dieses Sprichwort ist bekannt – und natürlich berechtigt. Jedes Jahr zieht es uns für ein paar Wochen weg von daheim, um entweder in weiter Ferne oder auch im eigenen Land Neues zu sehen und zu erleben. Die schönen Eindrücke bleiben erhalten und verblassen zum Glück nur langsam, vor allem dann, wenn sie als Bild festgehalten wurden. Wer sich wie Sie der Malerei zugewendet hat, für den sind Urlaubserinnerungen ein idealer Bildgegenstand: Sie malen, was Ihnen gefällt!

VON BILD ZU BILD

Im Urlaub unterwegs, wünscht man sich von Zeit zu Zeit eine computerähnliche „Festplatte" im Gehirn, um all die schönen Bilder festhalten und nach Belieben wieder reproduzieren – am besten ausdrucken – zu können, die einem täglich über den Weg laufen. „Kameraleute" mit Video-Cams und Fotografen mit Kameras haben es da schon etwas leichter. Aber selbst die bekommen nicht alles mit. Sie als Malerin oder Maler jedoch tragen auch im Urlaub Ihren Skizzenblock bei sich. Und damit haben Sie gegenüber all dem optischen und elektronischen Gerät auch noch einen Vorteil: Mit ein paar Strichen bannen Sie das Bild, das noch in Ihrem Kopf ist, auf den Skizzenblock – detailliert genug, um es später mit viel Muße auf den Malgrund zu übertragen.

Aus Quer- mach Hochformat. *Das Foto des Sonnenuntergangs diente als Vorlage für ein gemaltes Bild in einem außerordentlichen Hochformat.*

Vor Ort skizziert *und mit Aquarellfarben koloriert, wurde diese Bucht in der türkischen Ägäis zu Hause mit Acrylfarben gemalt.*

Schritt für Schritt
Sonnenuntergang

Gibt es etwas Romantischeres als einen Sonnenuntergang am Meer? Nun, die Geschmäcker sind verschieden, aber nicht umsonst pilgern jeden Abend Touristen zu nach Westen ausgerichteten Gestaden, um dieses Naturschauspiel zu genießen. Und wenn dann noch ein Fischerboot des Weges kommt, ist die Idylle perfekt. Schon mit dem Foto auf Seite 131 hatten wir bewiesen, dass es für das Bild, das wir nun malen, eine echte Vorlage gibt, es also kein reines Fantasieprodukt ist.

Material
Bespannter Keilrahmen 100 x 20 cm, Bleistift, Flachpinsel 2 mm, 8 mm, 12 mm, 20 mm und 24 mm, Glas Wasser, Baumwolltuch oder Haushaltspapier, Palette, die Farben Kadmiumgelb hell, Zinnoberrot, Krapprot dunkel, Ultramarinblau, Chromoxidgrün feurig, Preußischblau und Titanweiß

 Kadmiumgelb hell

 Zinnoberrot

 Krapprot dunkel

 Ultramarinblau

 Chromoxidgrün feurig

 Preußischblau

 Titanweiß

1 Die Vorzeichnung mit Bleistift ist sehr spartanisch gehalten. Es genügt, die Konturen der Sonne und des Bootes festzuhalten.

Schritt für Schritt: Sonnenuntergang

2 Legen Sie zunächst die Sonne an mit Kadmiumgelb hell im oberen Teil. Für den unteren Viertelkreis verwenden Sie Zinnoberrot. Für die dunkleren Stellen tragen Sie noch etwas Krapprot dunkel auf. Alle Farben sind mit Wasser verdünnt.

3 Aus den Farben Ultramarinblau, Zinnoberrot und Kadmiumgelb hell mischen Sie ein dunkles Grau, mit dem Sie das Boot anlegen.

4 Nun arbeiten wir von oben nach unten. Legen Sie den Himmel mit einem Violett an, das Sie aus Ultramarinblau und Zinnoberrot mischen. Zur Sonne hin geben Sie schrittweise mehr Blau dazu.

5 Um das Meer anzulegen, geben Sie jetzt zur Farbmischung von Schritt 4 etwas Kobaltblau dazu. So verstärken Sie den Blauton.

6 Der erste Farbauftrag ist abgeschlossen. Die Farben laufen etwas ineinander. Das ist aber kein Problem, denn das Anlegen ist schließlich „nur" die Grundlage für das Ausarbeiten.

7 Arbeiten Sie die Sonne aus, zunächst mit Kadmiumgelb hell, dann mit Zinnoberrot. Verwischen Sie die Farben Nass in Nass.

8 Mit Krapprot dunkel setzen Sie den dunklen Akzent in der untergehenden Sonne. Die Ränder verwischen Sie auch hier wieder ein wenig mit dem trockenen Pinsel.

9 Urlaubserinnerungen

9 Für das Ausarbeiten des Bootes mischen Sie ein klassisches Schwarz aus Chromoxidgrün feurig, Preußischblau und Krapprot dunkel.

10 Mit der Mischung aus Schritt 4, ohne die Zugabe von Wasser, arbeiten Sie den Himmel aus. Führen Sie dazu den Pinsel gleichmäßig vertikal.

11 Arbeiten Sie das Meer aus mit der Farbmischung von Schritt 5 und horizontaler Pinselführung. Rund um das Boot verwenden Sie einen schmaleren Pinsel, ebenfalls horizontal geführt. Zum Betrachter hin tönen Sie den Blauton des Meeres mit ein wenig Titanweiß ab.

> **Tipp**
> Den zweiten Farbauftrag für den Himmel und das Meer können Sie mehrmals wiederholen, bis Sie mit dem Ergebnis zufrieden sind. Dazwischen lassen Sie jedes Mal die Farbe trocknen.

12 Dunkle Stellen und Spiegelungen im Wasser malen Sie einerseits mit klassischem Schwarz, andererseits mit der dunklen Blaumischung des Meeres.

13 Helle Stellen betonen Sie ganz zart mit Titanweiß.

Schritt für Schritt: Sonnenuntergang

14 Setzen Sie Lichter am Boot mit einer Mischung aus Kadmiumgelb hell und Titanweiß.

15 Akzente in Rot und Gelb setzen Sie mit Kadmiumgelb hell, Zinnoberrot und Krapprot dunkel, teilweise leicht vermischt.

16 Sparsam gesetzte Lichter mit Titanweiß verstärken die romantische Stimmung. Die Orangetöne der Sonne kontrastieren mit dem Violett des Himmels und des Meeres.

ZUSAMMENFASSUNG

Abgestufte Violetttöne im Himmel.

Rote Akzente an den Rändern verwischen.

Boot in klassischem Schwarz.

Abtönen des Blaus im Meer mit Titanweiß.

Schritt für Schritt
Das Boot

Man muss sich nur die Zeit nehmen, um auch einmal zu Fuß die nähere Umgebung seines Urlaubsortes zu erkunden. Das verlangsamte Tempo öffnet die Augen für allerlei interessante Dinge, die links und rechts des Wegesrandes liegen. Uns hatte es dieses gestrandete Boot angetan, das wir neben einigen anderen ausrangierten Wasserfahrzeugen in der Nähe einer Bucht fanden. So, wie es dalag, schien es nur darauf zu warten, wieder in See stechen zu dürfen.

> **Material**
> Bespannter Keilrahmen 40 x 50 cm, Graphitstift, Fixativ, Flachpinsel 6 mm und 20 mm, Glas Wasser, Baumwolltuch oder Haushaltspapier, Palette, die Farben Kobaltblau, Lichter Ocker, Terra di Siena gebrannt, Titanweiß, Preußischblau, Chromoxidgrün feurig, Krapprot dunkel, Kadmiumgelb hell, Zinnoberrot, Ultramarinblau

 Kobaltblau

 Lichter Ocker

 Terra di Siena gebrannt

 Titanweiß

 Preußischblau

 Chromoxidgrün feurig

 Krapprot dunkel

 Kadmiumgelb hell

 Zinnoberrot

Ultramarinblau

1 Die Vorzeichnung wurde mithilfe der Rastermethode (Seiten 28 und 29) angefertigt. Benutzen Sie dazu einen Graphitstift, den Sie fixieren, bis nichts mehr verwischt.

Schritt für Schritt: **Das Boot**

2 Legen Sie zunächst das Boot an mit den Farben Kobaltblau, Lichter Ocker, Terra di Siena gebrannt und deren Mischungen, jeweils mit Wasser verdünnt.

3 Für das Boot und die Kiste im Vordergrund rechts nehmen Sie zum Anlegen Titanweiß gemischt mit ganz wenig Chromoxidgrün feurig, Preußischblau und Krapprot dunkel. Auf der Schattenseite ist der Blauanteil etwas höher.

4 Den Hügel im Hintergrund legen Sie an mit Lichter Ocker und einer Mischung aus Lichter Ocker und Ultramarinblau.

5 Der Felsen im Hintergrund rechts ist mit Lichter Ocker, Ultramarinblau und etwas Krapprot dunkel angelegt. Das Wasser des Meeres entsteht durch eine Mischung aus Preußischblau und Titanweiß. Im Boden vor dem Boot dominiert rechts Terra di Siena gebrannt gemischt mit Ultramarinblau.

9 Urlaubserinnerungen

6 Mit Kobaltblau, vermischt mit Ultramarinblau und stark mit Wasser verdünnt, legen Sie den Himmel an. Für die Wolken verwenden Sie Terra di Siena gebrannt, gemischt mit Ultramarinblau und unter Zugabe von viel Wasser.

7 Arbeiten Sie den Aufbau des Bootes aus mit Terra di Siena gebrannt, vermischt mit etwas Kobaltblau. Je dunkler die Stellen, desto mehr Blau geben Sie dazu. Für helle Partien mischen Sie Titanweiß bei.

8 Die dunkelste Stelle auf der Innenseite des Hecks arbeiten Sie mit einer Mischung aus Preußischblau und Terra di Siena gebrannt aus, für die Fläche links davon geben Sie Titanweiß dazu. Das Brett in der Sonne ist mit reinem Titanweiß gemalt.

9 Für den vorderen Teil des Bootsrumpfes mischen Sie Titanweiß mit etwas Preußischblau, für den hinteren Teil Titanweiß, Lichter Ocker und Terra di Siena gebrannt. In der Mitte verbinden Sie die beiden Mischungen. Den Pinsel führen Sie entlang jeder der Planken. Die dunkelsten Stellen am oberen Bootsrand arbeiten Sie aus mit Terra di Siena gebrannt, vermischt mit etwas Preußischblau, die am Rumpf mit Kobaltblau, Lichter Ocker und etwas Titanweiß.

10 Mischen Sie aus Preußischblau, Chromoxidgrün feurig und Krapprot dunkel ein klassisches Schwarz, um damit die dunkelsten Stellen unterhalb des Bootes auszuarbeiten.

Schritt für Schritt: **Das Boot**

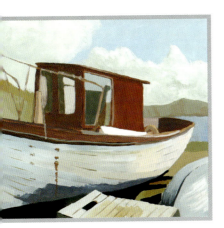

12 Die Reling malen Sie mit Terra di Siena.

13 Setzen Sie Lichter mit Titanweiß.

11 Arbeiten Sie den Hintergrund mit denselben Farbmischungen wie in den Schritten 4, 5 und 6 aus, allerdings in pastoser Konsistenz und unter der Zugabe von Titanweiß für Himmel und Wolken. Verfeinern Sie Details am Rumpf des Bootes, der Kiste und dem „Beiboot".

14 Die Gräser rund um das Boot wurden mit verschiedenen Grüntönen ausgearbeitet, gemischt aus Kadmiumgelb hell, Ultramarinblau und einer Spur Zinnoberrot, zum Teil abgetönt mit Titanweiß.

ZUSAMMENFASSUNG

Pinselführung entsprechend der Planken.

Licht und Schatten betonen die Räumlichkeit.

Dunkelste Stellen mit klassischem Schwarz.

Lichter setzen mit Titanweiß.

Schritt für Schritt
Bucht in der Ägäis

Warum zieht es uns Menschen immer wieder an die Meeresküsten? Selbst Freunde des Binnenlandes und der Gebirge fühlen sich dort von Zeit zu Zeit heimisch. Liegt es daran, dass wir in der Konsequenz alle aus dem Meer kommen? Wie auch immer:

Ein malerischer Ort, an einer Meeresbucht gelegen, ist immer ein Augeschmaus. Nicht nur wir Maler sollten dort etwas verweilen, um seine Schönheit in uns aufzunehmen und – um die Erinnerung frisch zu halten – ihn zunächst zu skizzieren und später mit Farbe und Pinsel auf der Leinwand festzuhalten.

Material
Bespannter Keilrahmen 50 x 70 cm, Bleistift, Fixativ, Flachpinsel 6 mm, 10 mm und 28 mm, Glas Wasser, Baumwolltuch oder Haushaltspapier, Palette, die Farben Lichter Ocker, Terra di Siena gebrannt, Preußischblau, Kadmiumgelb hell, Chromoxidgrün feurig, Zinnoberrot, Kobaltblau, Titanweiß

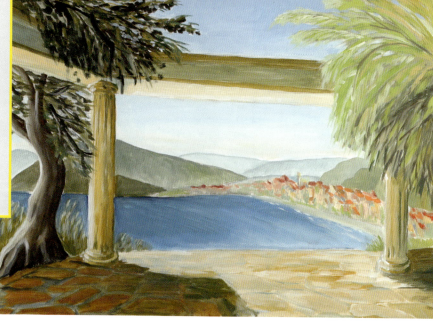

Lichter Ocker

Terra di Siena gebrannt

Preußischblau

Kadmiumgelb hell

Chromoxidgrün feurig

Zinnoberrot

Kobaltblau

Titanweiß

1 Die Vorzeichnung mit Bleistift enthält alle wesentlichen Elemente. Ein besonderes Augenmerk gilt den Säulen, die der Bucht einen Rahmen geben.

Schritt für Schritt: Bucht in der Ägäis

2 Der erste Farbauftrag wurde mit den drei Farben Lichter Ocker, Terra di Siena gebrannt und Preußischblau sowie deren Mischungen und viel Wasser angelegt. Sie stehen übertragen für die Grundfarben Gelb, Rot und Blau.

3 Der erste Farbauftrag ist abgeschlossen. Die Schatten sind bereits angelegt, derweil der Steinboden nur flächig ausgefüllt wurde.

4 Arbeiten Sie zunächst die Säulen aus, und zwar mit einer Mischung aus Lichter Ocker und Preußischblau für die Schattenseite. Für helle Stellen mischen Sie Lichter Ocker und Titanweiß. Führen Sie den Pinsel nach Struktur der Säule.

5 Die Steinplatten am Boden arbeiten Sie aus mit denselben Mischungen wie für die Säulen. Führen Sie den Pinsel horizontal. Für die Fugen fügen Sie jeweils Terra di Siena gebrannt dazu und führen den Pinsel deren Verlauf folgend.

9 Urlaubserinnerungen

6 Mischen Sie Terra di Siena gebrannt und Preußischblau, um damit die dunkelsten Stellen des Baumes auf der linken Seite auszuarbeiten. Zum Hellen hin tönen Sie mit Titanweiß ab. Führen Sie den Pinsel nach Struktur der Rinde.

7 Grüntöne! Für die Blätter des Baumes mischen Sie allerlei Grüntöne, beispielsweise aus Lichter Ocker und Kobaltblau, und tupfen die Farben nebeneinander auf. Zum Abtönen verwenden Sie jeweils Titanweiß.

8 Der Vordergrund ist bis auf den Baum auf der rechten Seite fertig ausgearbeitet.

9 Hellere Grüntöne erzielen Sie durch Mischen von beispielsweise Kadmiumgelb hell und Kobaltblau. Damit arbeiten Sie den Baum auf der rechten Seite mit Tupfbewegungen des Pinsels aus.

10 Den Ort entlang der Bucht deuten Sie mit zahlreichen Farbtupfern an. Dafür verwenden Sie Lichter Ocker, Titanweiß, Zinnoberrot und einen Grauton, den Sie aus Preußischblau, Terra di Siena gebrannt und Titanweiß mischen.

Schritt für Schritt: Bucht in der Ägäis

11 Das Meer wurde mit einer Mischung aus Preußischblau, Kobaltblau, sehr wenig Chromoxidgrün feurig und Titanweiß ausgearbeitet. Die Berge sind mit Grüntönen gemalt, in der Ferne immer blauer und immer heller.

12 Setzen Sie hellste Stellen – hier ein paar Schaumkronen – mit Titanweiß.

13 Mit einer Mischung aus Preußischblau, Kobaltblau und Titanweiß ist der Himmel ausgearbeitet. Er wird zum Horizont hin immer heller, sogar etwas hellorange, gemischt aus Titanweiß mit etwas Zinnoberrot und Lichter Ocker. In den Bäumen links und rechts deuten Sie mit Hellblau durchscheinenden Himmel an.

ZUSAMMENFASSUNG

Blätter linker Baum in verschiedenen dunklen Grüntönen.

Licht und Schatten an Baum und Boden schaffen Räumlichkeit.

Luftperspektive: zum Horizont hin Himmel und Berge immer heller.

Ortschaft durch Farbtupfer angedeutet.

10 Figuren

Figuren richtig darzustellen gehört ohne Zweifel zu den nicht ganz so einfachen Aufgaben, die die Malerei zu bieten hat. So ist es für das Gelingen unerlässlich, dass Sie sich ein wenig mit der menschlichen Anatomie auseinandersetzen und auch im Zeichnen bewandert sind.

Das A und O der guten Figurendarstellung ist das Einhalten der richtigen Proportionen; denn gerät etwas zu groß oder zu klein, ist schnell der gute Eindruck dahin. Das Thema verlangt also große Genauigkeit, die Sie sich durch viel Üben erarbeiten können und sollten.

PROPORTION UND KANON

Die Proportionen müssen stimmen – das sagt sich so leicht. Nur: Wie kann es gelingen? Nun, über richtige Proportionen haben sich Menschen schon seit langer Zeit ihre Gedanken gemacht. Berühmt ist die Skizze „Proportionsschema der menschlichen Gestalt nach Vitruv" von Leonardo da Vinci, die einen Menschen mit verschieden ausgebreiteten Armen und Fußstellungen zeigt eingerahmt von einem Quadrat und einem Kreis. Vitruv im Übrigen war ein römischer Architekt, der kanonische, also verbindliche, Vorschriften zu den Anordnungen von Säulen entwickelte, aus denen die Proportionen der übrigen Gebäudeteile abgeleitet wurden.

In der Bildenden Kunst, und damit auch in der Malerei, ist der Kanon eine Methode, nach der die Proportionen des menschlichen Körpers auf der Grundlage einer Maßeinheit zueinander ins Verhältnis gesetzt werden. Diese Maßeinheit ist der menschliche Kopf.

> **Tipp**
> Vor dem Üben und beim Üben sollten Sie immer mal wieder Fotos oder gelungene Bilder von Menschen in verschiedenen Körperpositionen betrachten und die Proportionen der einzelnen Körperteile nachvollziehen.

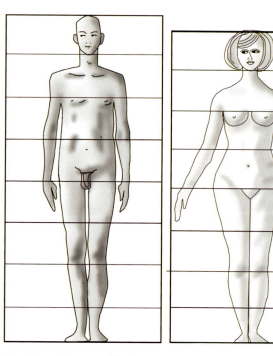

Der Kanon des menschlichen Körpers eines Mannes und einer Frau. Eingeteilt in acht Zonen, entspricht jeder Abschnitt der Größe des Kopfes vom Scheitel bis zum Kinn.

Figuren

Die Proportionen in der Darstellung ändern sich mit veränderten Gelenkdarstellungen, abhängig davon, wie einzelne Körperteile dem Betrachter zugewandt sind.

Vom Scheitel bis zur Sohle

Es kommt leider allzu häufig vor, dass in figürlichen Darstellungen der Kopf im Verhältnis zum Rest des Körpers viel zu groß gerät. Genug Grund also, ihn als Maßeinheit des Kanons für das richtige Einhalten der Proportionen zu nehmen. Dabei wird folgendermaßen vorgegangen: Der menschliche Körper wird von oben nach unten in acht gleich große Abschnitte eingeteilt. Jedes Teil entspricht dabei in seiner Höhe der Länge des Kopfes vom Scheitel bis zum Kinn. Demzufolge sind die folgenden sieben weiteren Körperregionen proportional gleich dem Kopf zu malen:

1. vom Kinn bis zu den Brustwarzen,
2. von den Brustwarzen bis zur Taille,
3. von der Taille bis zum Schambein,
4. vom Schambein bis zum Oberschenkel,
5. vom Oberschenkel bis zur Kniespalte/dem Schienbeinstachel,
6. von der Kniespalte/dem Schienbeinstachel bis zur Wade,
7. von der Wade bis zur Fußsohle.

Klar: Die Menschen sind verschieden und individuelle Unterschiede kommen selbstverständlich vor. Zudem ist beispielsweise bei Frauen im Schnitt das Verhältnis von Oberkörper zu Unterkörper etwa 1:1, während der Oberkörper von Männern im Verhältnis zum Unterkörper kürzer ist. Trotzdem bildet dieser Kanon eine geeignete Richtschnur, an der Sie sich gewinnbringend entlanghangeln können.

Die Proportionen von Kindern übrigens sollten nicht über diesen Kamm geschoren werden. Kleinkinder haben einen Kanon von 5,5 (der Kopf mit dem Maß 1 ist im Verhältnis zum Restkörper deutlich größer), für ein Kind von etwa 10 Jahren ist ein Kanon von 6,5 richtig.

Im Sitzen kürzer

Sobald der Mensch den aufrechten Stand verlässt, um sich beispielsweise zu setzen, ändern sich in der Darstellung auch die Proportionen einzelner Körperteile. Das liegt in erster Linie an veränderten Perspektiven, die wiederum vom Standpunkt des Betrachters abhängen. Manche Körperteile wirken dann länger, andere kürzer als zuvor – und ein gekrümmter Rücken hat auch nicht mehr dieselbe Länge wie im aufrechten Stand.

Schritt für Schritt
Vier Freunde

Getreu dem Prinzip „Vom Leichten zum Schwierigeren" wählen wir zum Einstieg in das Sujet „Figuren" ein Motiv, das recht einfach in die Tat umzusetzen ist. Die Vorlage lieferte ein Foto, auf dem vier Männer an einem hellen, sonnigen Tag im **Begriff sind, in Richtung Horizont zu gehen. Nur ihre schlanken Silhouetten lassen sich in der flirrenden Hitze noch erkennen. Es kommt also erst einmal nicht auf figürliche Details an, aber die Proportionen müssen trotzdem stimmen.**

Material
Bespannter Keilrahmen 50 x 70 cm, Graphitstift, Flachpinsel 6 mm, 18 mm, Glas Wasser, Baumwolltuch oder Haushaltspapier, Palette, die Farben Terra di Siena gebrannt, Umbra natur, Schwarz, Titanweiß, Lichter Ocker, Kobaltblau, Ultramarinblau

Terra di Siena gebrannt
Umbra natur
Schwarz
Titanweiß — Kobaltblau
Lichter Ocker — Ultramarinblau

1 Legen Sie in der Vorzeichnung mit Graphitstift, den Sie nicht fixieren, zunächst den Horizont fest. Die Personen stellen Sie nur stark vereinfacht dar.

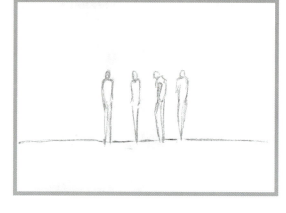

Schritt für Schritt: Vier Freunde

2 Schon der erste Farbauftrag ist deckend. Malen Sie die Menschen mit Mischungen aus Terra di Siena gebrannt, Umbra Natur und Schwarz, damit auf den Körpern unterschiedliche Tonwerte entstehen.

3 Den Boden malen Sie mit Mischungen aus Titanweiß, Lichter Ocker und Umbra natur. Den Graphit der Horizontlinie vermalen Sie.

4 Die Attraktivität des Bodens beruht auf unterschiedlichen Tonwerten, die Sie erzielen, indem Sie verschiedene Farbmischungen auf dem Untergrund miteinander vermalen.

5 Für den Himmel mischen Sie Kobaltblau und Ultramarinblau und geben sogar eine Spur Schwarz dazu. Mit Titanweiß tönen Sie ab; je näher dem Horizont, desto mehr. Etwas Umbra natur bricht das Blau nahe der Horizontlinie.

10 Figuren

6 Arbeiten Sie die Konturen und Körper der Figuren mit denselben Farben wie in Schritt 2 aus, allerdings mit etwas mehr Schwarz.

7 Mit einfachen Mitteln ist ein sehr schönes Bild entstanden – und Sie haben sich mit dem Thema Figuren vertraut gemacht.

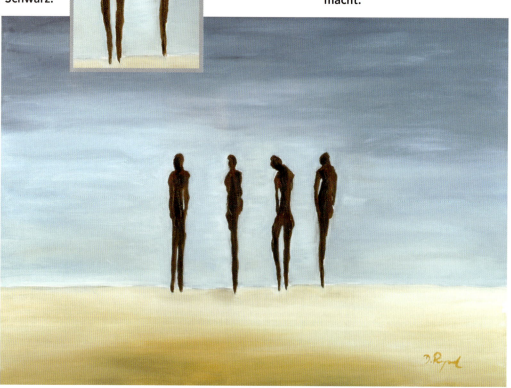

ZUSAMMENFASSUNG

Himmel zum Horizont hin heller werdend.

Boden in unterschiedlichen Farbtönen malen.

Figuren in Braun- und Schwarztönen.

Brauntöne im Himmel nahe der Horizontlinie.

Schritt für Schritt
Der Afrikaner

Nach den vier Freunden, auf dem Weg zum Horizont innehaltend, ist der Mann aus Afrika unsere zweite Übung zum Thema Figuren. Die Aufgabe gewinnt dadurch an Herausforderung, dass dieser Mensch nicht steht, sondern auf einem Vorsprung in einem Raum sitzt. Dadurch verändern sich in der Darstellung einige der Körperproportionen. Allerdings sind hier die Linien noch sehr klar und somit die Proportionen trotzdem gut erkennbar: Nur der Rumpf und die Unterschenkel der Beine bedürfen einer perspektivischen Anpassung.

Material
Bespannter Keilrahmen 60 x 70 cm, Bleistift, Graphitstift, Fixativ, Flachpinsel 8 mm, 20 mm, Glas Wasser, Baumwolltuch oder Haushaltspapier, Palette, die Farben Lichter Ocker, Terra di Siena gebrannt, Zinnoberrot, Schwarz, Preußischblau, Titanweiß, Ultramarinblau

Lichter Ocker
Terra di Siena gebrannt
Zinnoberrot
Schwarz
Preußischblau
Titanweiß
Ultramarinblau

1 Legen Sie in der Vorzeichnung zunächst die Figur mit Bleistift und den Schatten mit Graphitstift an, den Sie fixieren, erst danach den Raum. Achten Sie dabei auf die Formen und Volumina des menschlichen Körpers.

10 Figuren

2 Mit Terra di Siena gebrannt, verdünnt mit Wasser, legen Sie den Hautton an. Terra di Siena gebrannt gemischt mit Zinnoberrot verwenden Sie für die Kleidung, genauso wie Lichter Ocker und Schwarz für den Gürtel.

3 Lichter Ocker mit Wasser verdünnt haben Sie für die erste Farbschicht des Raumes eingesetzt. Arbeiten Sie die Körperflächen mit Schattierungen aus, und zwar mit Terra di Siena gebrannt, Lichter Ocker, Preußischblau, Schwarz und Titanweiß.

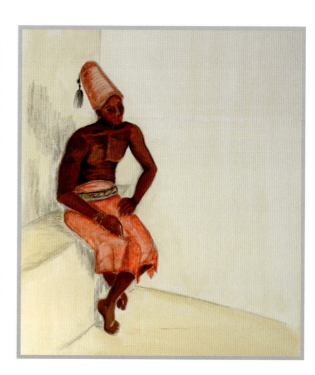

4 Arbeiten Sie die Kleidung aus mit Zinnoberrot, zum Teil mit Schwarz getrübt, sowie den Gürtel mit Lichter Ocker, Schwarz und Titanweiß.

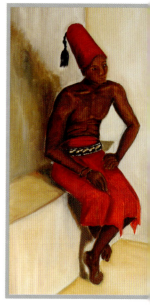

5 Malen Sie die Schatten mit einer Mischung aus Lichter Ocker, Terra di Siena gebrannt und etwas Ultramarinblau. Für Boden und Wände verwenden Sie Lichter Ocker, Terra di Siena gebrannt und Titanweiß in verschiedenen Tonwerten.

6 Setzen Sie in der Figur tiefste Schatten am Körper und im Gesicht und betonen Sie zudem helle Stellen. Mit Kleidung und Schmuck verfahren Sie auf die gleiche Weise.

Schritt für Schritt: Der Afrikaner

7 Hintergrund und Schatten wurden noch einmal überarbeitet.

ZUSAMMENFASSUNG

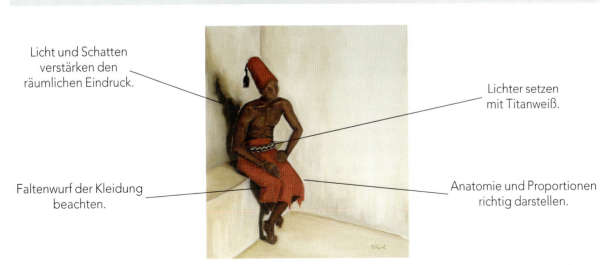

Licht und Schatten verstärken den räumlichen Eindruck.

Lichter setzen mit Titanweiß.

Faltenwurf der Kleidung beachten.

Anatomie und Proportionen richtig darstellen.

Schritt für Schritt
Eine Marktszene

Menschen in einem ihrer Lebensumfelder zu zeigen gehört als Untergattung ebenfalls zum Sujet „Figuren". Das sogenannte Genrebild ist die gemalte Abbildung einer Alltagsszene, die der Künstler seiner Zeit und seiner Umgebung entnommen hat. Grundlage des folgenden Bildes bildet eine Skizze (Seite 30), die auf einem Wochenmarkt in der Türkei entstanden ist. Wir konzentrieren uns bei der Beschreibung von dessen Entwicklung in erster Linie auf die Figuren.

> **Material**
> Bespannter Keilrahmen
> 50 x 60 cm,
> Bleistift, Fixativ,
> Flachpinsel 2 mm, 6 mm,
> 18 mm und 32 mm,
> Glas Wasser, Baumwolltuch oder Haushaltspapier, Palette, die Farben
> Lichter Ocker, Ultramarinblau, Terra di Siena gebrannt, Umbra natur,
> Chromgelb, Zinnoberrot,
> Chromoxidgrün feurig,
> Schwarz, Titanweiß,
> Kobaltblau

 Lichter Ocker

 Ultramarinblau

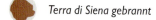 Terra di Siena gebrannt

 Umbra natur

 Chromgelb

 Zinnoberrot

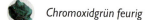 Chromoxidgrün feurig

 Schwarz

Titanweiß

Kobaltblau

1 Die Vorzeichnung machen Sie mit Bleistift entsprechend der Skizze. Den Vordergrund halten Sie recht detailliert fest, Mittel- und Hintergrund deuten Sie an. Mit Lichter Ocker, stark mit Wasser verdünnt, tragen Sie eine Imprimatur auf.

Schritt für Schritt: Eine Marktszene

2 Nach der Imprimatur malen Sie gleich deckend. Die Hautfarben der Figuren im Vordergrund mit Mischungen aus Terra di Siena gebrannt, Umbra natur, etwas Ultramarinblau, leicht mit Titanweiß abgetönt.

3 Vom Marktstand im Vordergrund wurden beispielsweise die Flaschen mit Lichter Ocker, Ultramarinblau und Titanweiß gemalt, die Dosen mit Terra di Siena gebrannt, Umbra natur und Zinnoberrot.

4 Malen Sie den Sonnenschirm mit Mischungen aus Chromoxidgrün feurig, Chromgelb und Ultramarinblau. Für die Kühlbox dagegen verwenden Sie Kobaltblau und Titanweiß.

5 Den Boden haben Sie mit Umbra natur, Titanweiß und Schwarz ausgearbeitet, und zwar mit horizontaler Pinselführung.

10 Figuren

6 Figuren, Stände und Schirme im Hintergrund malen Sie mit den Farben Terra di Siena gebrannt, Kobaltblau, Zinnoberrot, Chromoxidgrün feurig, Chromgelb und Schwarz.

7 Mit Mischungen aus Terra di Siena gebrannt, Schwarz und viel Titanweiß malen Sie die Häuser. Fenster und Türen deuten Sie mit Schwarz und einem dünnen Pinsel lediglich an.

8 Mit einem feineren Pinsel arbeiten Sie die Details der Figuren aus. Dazu gehören die Tonwerte der Kleidung, hier mit Titanweiß, Schwarz und Ultramarinblau verfeinert.

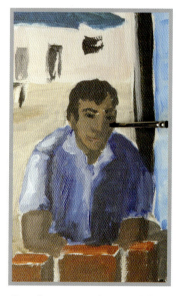

9 Arbeiten Sie die Mimik heraus – keine leichte Aufgabe – und verstärken Sie die Schattenseiten der Figur ein wenig mit Umbra natur und etwas Ultramarinblau.

10 Setzen Sie Licht und Schatten im Angebot der Händler und steigern Sie auf diese Weise die Plastizität der Darstellung.

Schritt für Schritt: Eine Marktszene

12 Nun arbeiten Sie auch den Hintergrund mit Liebe zum Detail exakter aus. Verstärken Sie beispielsweise die Schatten auf dem Boden leicht mit Umbra natur, Schwarz und Titanweiß.

11 Den Himmel malen Sie mit Ultramarinblau, Kobaltblau und Titanweiß. Verstärken Sie die Schatten auf dem Boden im Vordergrund dunkel, zum Hintergrund hin heller werdend mit Umbra natur, Schwarz und Titanweiß.

13 Letzte Feinheiten wurden sowohl im Vorder- als auch im Mittel- und Hintergrund hervorgehoben. Dazu gehört traditionell das Setzen der Lichter und das Betonen der dunkelsten Stellen.

ZUSAMMENFASSUNG

Schirm im Vordergrund fein ausgearbeitet.

Licht und Schatten auf dem Markstand hervorheben.

Fenster und Türen der Häuser andeuten.

Figuren mit viel Liebe zum Detail gemalt.

11 Tiere

Unsere besten Freunde sind die Tiere – nicht alle für jeden, aber für jeden nach seinem Geschmack. Und das, was uns fasziniert, was uns gefällt, malen wir gerne. Nun ist es mit dem Tiere malen ähnlich wie mit der Darstellung menschlicher Figuren: Erst eine genaue Kenntnis der Anatomie der jeweiligen Art sowie eine ausführliche zeichnerische Auseinandersetzung mit dem Thema bringt Ergebnisse von bester Qualität. Nehmen Sie also ruhig den Stift zur Hand und studieren Sie die Lebewesen zunächst auf dem Skizzenblock.

Hund, Katze, Maus

Was das Malen von Tieren gegenüber der Darstellung menschlicher Figuren zusätzlich schwieriger macht, ist der Umstand, dass es so viele verschiedene Arten gibt. Zwei-, Vier-, Sechs-, Acht- und Vielbeiner, mit Flügel oder ohne Flügel, manche auch mit Flossen – und alle mit den unterschiedlichsten Körperformen.

Sicherlich haben Sie einen oder wenige Favoriten, dem oder denen Sie sich am liebsten zuwenden. Nun ist wieder Genauigkeit gefragt, wenn es um die richtigen Proportionen geht. Die Maße sowie die Verläufe von Licht und Schatten sollten Sie genauso kennen wie die Strukturen der Haut, des Fells, des Gefieders etc.

Hund und Katze sind die beliebtesten Haustiere – und mit Sicherheit auch favorisierte Motive, wenn es um das Malen von Tieren geht.

Elegant, kraftvoll und arbeitsam ist das Pferd – und besonders beliebt bei jungen Damen.

Schritt für Schritt
Eine Katze

Die Details sind wichtig beim Malen unseres ersten Bildes aus dem Sujet „Tiere". Vor allem das Gesicht der Katze verlangt genaues Arbeiten mit schmalen Pinseln. Und natürlich sollte schon die Vorzeichnung eine ausreichende Grundlage dafür liefern. Unsere besondere Aufmerksamkeit gilt den Augen. Kopf- und Rumpfgröße setzen Sie ins richtige Verhältnis zueinander. Zeichnung und Struktur des Fells geben das passende Führen des Pinsels vor.

Material
Malgrund aus Buchenholz 20 x 30 cm, Kreppband, Wandfarbe weiß, Bleistift, Flachpinsel 2 mm, 6 mm und 20 mm, Glas Wasser, Baumwolltuch oder Haushaltspapier, Palette, die Farben Titanweiß, Umbra natur, Lichter Ocker, Schwarz, Kadmiumgelb hell, Zinnoberrot, Ultramarinblau

- Titanweiß
- Umbra natur
- Lichter Ocker
- Schwarz
- Kadmiumgelb hell
- Zinnoberrot
- Ultramarinblau

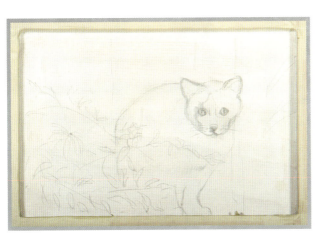

1 Kleben Sie mit Kreppband die Stellen des Malgrundes ab, die nicht bemalt werden sollen. Danach grundieren Sie das Holz wie auf Seite 17 beschrieben. Die Vorzeichnung mit Bleistift fertigen Sie sehr detailliert an.

11 Tiere

2 Tragen Sie die Farben direkt deckend auf. Die dunkelsten Stellen am Kopf der Katze malen Sie mit einer Mischung aus Umbra natur und Schwarz.

3 Für hellere Stellen geben Sie je eine Spur Lichter Ocker und Zinnoberrot dazu und tönen mit Titanweiß ab. Hellste Stellen malen Sie mit Titanweiß, dazwischen kleine hellblaue Flächen, gemischt aus Titanweiß und ein wenig Ultramarinblau.

4 Nachdem Sie am Näschen etwas Rosa, gemischt aus Titanweiß, etwas Zinnoberrot und Lichter Ocker gesetzt haben, umranden Sie die Augen mit einer Mischung aus Umbra natur und Schwarz. Die Iris arbeiten Sie aus mit einer Mischung aus Ultramarinblau und Schwarz. Am unteren Rand setzen Sie einen hellblauen Bogen, gemischt aus Titanweiß und etwas Ultramarinblau. Die Pupillen malen Sie mit Schwarz, die hellsten Spiegelungen im Auge mit Titanweiß.

5 Mischen Sie aus Umbra natur und etwas Lichter Ocker, Zinnoberrot und Titanweiß die Farbe für die dunkelbraunen Partien des Fells. Für das hellere Braun im Fell tönen Sie die Mischung mit Titanweiß ab.

6 Die hellen Fellpartien malen Sie mit Titanweiß und dem Hellblau von Schritt 3.

Schritt für Schritt: Eine Katze

7 Das Auftragen der Farben zur Darstellung der Katze ist bereits abgeschlossen.

Empfehlung
Verzichten Sie nicht auf das Grundieren des Holzes. Ohne Grundierung ziehen die Farben zu sehr ein und bleiben matt. Mit Grundierung dagegen leuchten sie brillant.

8 Die Pflanze auf der linken Seite malen Sie in verschiedenen Grüntönen, gemischt aus Ultramarinblau, Kadmiumgelb hell und Titanweiß. Von Zeit zu Zeit geben Sie etwas Zinnoberrot dazu.

9 Titanweiß, gemischt mit Ultramarinblau, Umbra natur und etwas Kadmiumgelb hell, verwenden Sie für den hellen Hintergrund auf der rechten Bildseite.

11 Tiere

10 Den dunklen Hintergrund über der Katze malen Sie mit einer Mischung aus Umbra natur und Ultramarinblau, leicht abgetönt mit Titanweiß. Den Rand des Katzenfells schließen Sie zum Hintergrund hin ab mit einem trockenen Pinsel, mit dem Sie ein wenig vom Farbgemisch aus Umbra natur und Titanweiß aufnehmen und vorsichtig verstreichen.

11 Mit einem trockenen Pinsel, mit dem Sie ganz wenig Titanweiß aufnehmen, streifen Sie kurz und zügig über den Malgrund, um die Barthaare darzustellen.

12 Die Farben sind aufgetragen. Nun ziehen Sie das Kreppband ab.

Schritt für Schritt: **Eine Katze**

13 **Nach dem Trocknen können Sie noch etwas Glanzlack auftragen.**

ZUSAMMENFASSUNG

Das Fell nach Struktur malen.

Mit Hellblau im Fell die Plastizität erhöhen.

Augen mit verschiedenen Tonwerten von Ultramarinblau.

Pupillen mit Schwarz, Spiegelungen im Auge mit Titanweiß.

Schritt für Schritt
Drei Elefanten

Von den wilden Tieren Afrikas sind unter den sogenannten Big Five Elefanten die beeindruckendsten Kolosse. Wenn sie dann noch vor dem Hintergrund einer dramatischen Landschaft erscheinen, ist die Schönheit fast vollkommen. Zwar passiert es in unseren Breiten eher selten, dass ein Rudel Elefanten Ihren Weg kreuzt, aber Fotos aus Büchern und Zeitschriften oder ein Besuch im Zoo erfüllen ihren Zweck durchaus, wenn es darum geht, eine gute Vorlage zu finden.

Material
Acrylblock 50 x 64 cm, Bleistift, Flachpinsel 10 mm, 18 mm, Glas Wasser, Baumwolltuch oder Haushaltspapier, Palette, die Farben Umbra natur, Ultramarinblau, Zinnoberrot, Titanweiß, Lichter Ocker, Kadmiumgelb hell, Karmesinrot, Schwarz

Umbra natur
Ultramarinblau
Zinnoberrot
Titanweiß
Lichter Ocker   Karmesinrot
Kadmiumgelb hell   Schwarz

1 In der Vorzeichnung mit Bleistift legen Sie eine Horizontlinie zwischen der Ebene und dem Berg im Hintergrund fest. Zeichnen Sie die Konturen der Elefanten; Schatten und Volumen deuten Sie bereits an.

Schritt für Schritt: Drei Elefanten

2 Legen Sie die Elefanten mit einem Grau an, das Sie aus Umbra natur, Ultramarinblau und etwas Zinnoberrot mischen. Mit Titanweiß tönen Sie das Grau in verschiedenen Stufen ab.

3 Mit Mischungen aus Lichter Ocker, Ultramarinblau und Titanweiß legen Sie den Boden sowie Teile des Berges an. Berücksichtigen Sie schon jetzt Licht und Schatten.

4 Berg, Bäume sowie einige Schattenbereiche legen Sie an mit einer Mischung aus Umbra natur, Ultramarinblau, Lichter Ocker und etwas Zinnoberrot.

5 Arbeiten Sie den Boden aus mit den gleichen Farben wie in Schritt 3. Nun allerdings fügen Sie zu den Farbmischungen noch Kadmiumgelb hell dazu.

11 Tiere

> **Tipp**
> Beim zweiten Farbauftrag müssen Sie nicht alle Bereiche komplett übermalen. Ein Bild lebt auch von durchscheinenden Flächen, die zuvor angelegt wurden.

6 Arbeiten Sie jetzt den Berg im Hintergrund mit den gleichen Farben aus wie in Schritt 4. Führen Sie den Pinsel nach dem Verlauf des Berges. Im Boden setzen Sie Akzente mit Karmesinrot.

7 Die Elefanten malen Sie nun mit den gleichen Farben wie in Schritt 2, allerdings differenzierter und mit pastoser Konsistenz. Mit Titanweiß setzen Sie Lichtreflexe in den Augen der Tiere.

8 Den Boden sowie den Berg im Hintergrund arbeiten Sie im Detail aus, und zwar mit denselben Farben wie in den Schritten 3 und 4. Betonen Sie einzelne Gräser und Bäume.

Schritt für Schritt: Drei Elefanten

9 Setzen Sie die letzten Akzente an den dunkelsten Stellen mit Schwarz; Lichter betonen Sie mit Titanweiß.

ZUSAMMENFASSUNG

Horizont zwischen Ebene und Berg festlegen.

Pinselführung nach Verlauf des Berges.

Gräser an manchen Stellen betonen.

Elefanten mit verschiedenen Grautönen ausarbeiten.

12 Keilrahmen

Von allen Malgründen, die wir in diesem Buch bislang vorgestellt haben, ist der bespannte Keilrahmen einer der beliebtesten. Sie können ihn in verschiedenen Formen und Größen fertig kaufen, gleich bemalen und Ihr Werk nach dem Abschluss ohne große Umschweife an die Wand hängen. Auch ohne Rahmen wirkt das Bild vom ersten Augenblick an wertvoll und schön. Der Malgrund, üblicherweise aus Baumwolle oder Leinen, ist bereits grundiert und bedarf keiner weiteren Vorbehandlung. Sie können direkt in Ihr Malvergnügen starten.

VOR UND NACH DEM KAUF

Achten Sie beim Erwerb von Keilrahmen darauf, dass der Malgrund unbeschädigt und der Rahmen nicht verzogen ist. Das grundierte Gewebe sollte keine Dellen haben und die Winkel in den Ecken müssen stimmen. Keilrahmen, auf denen der Malgrund auf der Rückseite befestigt ist, sind am ehesten zu empfehlen. Überprüfen Sie das Paket darauf, dass alle mitgelieferten Keile – in der Regel acht – beigefügt sind.

Nach dem Kauf und vor dem Bemalen des Malgrundes stecken Sie die Keile, wie auf dieser Seite gezeigt, mit der Spitze in die dafür vorgesehenen Schlitze und klopfen sie mit einem Hammer ein wenig hinein.

Klopfen Sie die Keile mit dem Hammer ein wenig in die Schlitze heinein.

Behandeln Sie eventuelle Dellen im Malgrund mit einem feuchten Haushaltsschwamm.

> ### Empfehlung
> Sollten Sie einmal beim Kauf eine Delle im grundierten Gewebe übersehen haben, können Sie sich leicht behelfen, indem Sie die Stelle von der Rückseite her mit etwas Wasser beträufeln, das Sie anschließend mit einem Haushaltsschwamm leicht verreiben. Das Gewebe zieht sich mit dem Trocknen wieder zusammen und die Delle verschwindet.

KEILRAHMEN AUFHÄNGEN

"Das Bild hängt schief!" Ein oft gehörter Spruch, dem man leicht vorbeugen kann. Mit der richtigen Ausrüstung und Technik gelingt es Ihnen mühelos, Ihr Werk professionell zu präsentieren. Wir empfehlen eine Aufhängung mit Draht und Ösen, die stabil und trotzdem einfach ist – ein Haken in der Wand genügt.

1 Befestigen Sie die Aufhängung im oberen Drittel des Keilrahmens, aber auch bei großen Formaten nicht mehr als 20 cm vom oberen Rand entfernt. Messen Sie zwei Aufhängungspunkte auf gleicher Höhe aus und schrauben Sie die Ösen in das Holz.

2 Ziehen Sie Bilderdraht durch die Öse, legen Sie eine Schlinge und wickeln Sie das kurze Ende mehrfach um das längere Ende.

3 Um schwerere Bilder aufzuhängen, sichern Sie den Draht zusätzlich mit einer Quetschhülse.

12 Keilrahmen

KOMPOSITION MIT KEILRAHMEN

Keilrahmen sind nicht nur praktisch und edel als Bildträger, sondern sie können in Kombination mit anderen auch Kompositionselemente sein. Aus Exemplaren verschiedener Größen und eventuell auch Formaten können Sie eine Art Mosaik zusammenstellen, indem Sie Ihr Bild über alle Keilrahmen verteilen und später so an der Wand präsentieren. Auf dieser Doppelseite zeigen wir Ihnen eine Zusammenstellung aus vier Keilrahmen.

ORANGE, GELB, ROT

Zunächst wurden alle Keilrahmen auch an den Seiten mit einem Orange bemalt, gemischt aus viel Primärgelb, Kadmiumgelb hell und etwas Zinnoberrot. Nach dem Trocknen wurde der Farbauftrag wiederholt.

Nach dem Komponieren der Keilrahmen auf dem Boden – so, wie sie später an der Wand hängen sollen – wurden die Teile schwungvoll bemalt, und zwar zunächst mit Kadmiumgelb hell, dann mit Zinnoberrot und zum Abschluss mit Karmesinrot. Wichtig war vor allem, mit großen, kaum unterbrochenen Schwüngen über alle Keilrahmen zu malen. Trockene Flächen am Rand wurden wieder mit dem Orange bemalt und die Farben im nassen Zustand mit den Gelb- und Rottönen etwas verwischt.

Nach dem ersten Farbauftrag mit Orange malen Sie in großen Schwüngen mit Kadmiumgelb hell über alle Keilrahmen.

Nun folgen die großen Schwünge mit Zinnoberrot und Karmesinrot.

Material

Vier bespannte Keilrahmen:
100 x 20 cm, 24 x 30 cm
und zweimal 18 x 24 cm,
Flachpinsel 32 mm
und 20 mm,
Glas Wasser, Baumwolltuch
oder Haushaltspapier,
Palette, die Farben
Primärgelb, Kadmiumgelb
hell, Zinnoberrot,
Karmesinrot

Primärgelb

Kadmiumgelb hell

Zinnoberrot

Karmesinrot

Keilrahmen-Komposition

Das fertige Werk, präsentiert auf blauem Grund.

Schritt für Schritt
Das Muschelnest

Neben Dreiecken, Rechtecken, Quadraten, Sechsecken gibt es im großen Angebot an Keilrahmen auch Sonderformen, die für reizvolle Gestaltungen ideal geeignet sind. Wir haben für Sie einen quadratischen Keilrahmen mit Aussparung in der Mitte ausgesucht. Dazu bringen wir neben den Farben auch Spachtelmasse, Acrylgel sowie einige Gegenstände zum Einsatz, die wir in das Werk einfügen. Das Ergebnis nennt man „Assemblage", also die Kombination verschiedener beliebiger Objekte zu einem dreidimensionalen Kunstwerk.

Material

Bespannter Keilrahmen 60 x 60 cm mit quadratischer Aussparung, Bleistift, Spachtel, Flachpinsel 12 mm und 16 mm, Glas Wasser, Baumwolltuch oder Haushaltspapier, Spachtelmasse rau, Spachtelmasse fein, Palette, die Farben Titanweiß, Vandykebraun, Lichter Ocker, Ultramarinblau, Preußischblau und Chromoxidgrün feurig, Kordel, Holzleim, Acrylgel pastos, Kieselsteine, Muscheln

- Titanweiß
- Vandykebraun
- Lichter Ocker
- Ultramarinblau
- Preußischblau
- Chromoxidgrün feurig

Schritt für Schritt: Das Muschelnest

1 Nachdem Sie um die Aussparung herum mit Bleistift ein Rechteck markiert haben, füllen Sie diese Fläche mit grober Spachtelmasse.

2 Auf dem Rest der Fläche tragen Sie mit den Händen in fließenden Bewegungen feine Spachtelmasse auf. Lassen Sie beide Spachtelmassen trocknen.

3 Malen Sie das innere Rechteck mit einer Mischung aus Vandykebraun und Lichter Ocker, die Sie recht stark mit Titanweiß abtönen.

4 Das äußere Feld und die Außenseiten malen Sie mit einer Mischung aus Ultramarinblau, Preußischblau und Chromoxidgrün feurig, wieder stark abgetönt mit Titanweiß.

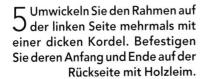

5 Umwickeln Sie den Rahmen auf der linken Seite mehrmals mit einer dicken Kordel. Befestigen Sie deren Anfang und Ende auf der Rückseite mit Holzleim.

12 Keilrahmen

6 Tragen Sie nun transparent auftrocknendes Acrylgel sehr pastos mit dem Spachtel auf, und zwar sich verjüngend von oben nach unten in Richtung der Kordel.

7 Belegen Sie das frisch aufgebrachte Acrylgel mit kleinen Kieselsteinchen, die Sie ein wenig mit der Hand in die Masse hineindrücken.

8 Einzelne Steinchen, an den Rändern eingesetzt und ebenfalls mit Acrylgel befestigt, runden die Gestaltung ab.

9 Nun sind die Muscheln an der Reihe. Verteilen Sie sie passend und kleben Sie sie ebenfalls mit Acrylgel fest.

Schritt für Schritt: Das Muschelnest

10 Das „Muschelnest" ist fertig – ein abstraktes Bild mit maritimer Anmutung. Farben und Materialien harmonieren perfekt miteinander und transportieren die beabsichtigte Stimmung.

ZUSAMMENFASSUNG

Fünf Lagen Kordel bilden eine Linie.

Kieselsteine als Gestaltungselemente einsetzen.

Verschieden strukturierte Spachtelmassen farblich unterschiedlich bemalt.

Muscheln runden die maritime Anmutung ab.

13 Experimente

Schon mit dem Bild „Das Muschelnest" auf den vorangegangenen Seiten haben wir das Feld der gegenständlichen Malerei auf zweidimensionalem Malgrund verlassen. Zusätzlich zum gemalten Bild wurden dem Kunstwerk Gegenstände hinzugefügt, dort arrangiert und komponiert und damit eine echte räumliche Dimension eröffnet. Den Experimenten, dem Ausprobieren sind vom verwendeten Material her im Grunde keine Grenzen mehr gesetzt. Passendes zu finden, wird von Mal zu Mal leichter, je mehr Sie sich darauf einlassen.

FUNDSTÜCKE

Zu Beginn des 20. Jahrhunderts begannen Künstler zweidimensionale Gegenstände, wie zum Beispiel Zeitungsausschnitte, Buchseiten, Notenblätter etc. in ihre Gemälde einzuarbeiten. Diese Art des künstlerischen Ausdrucks nennt man „Collage". Wenn auch oder ausschließlich räumliche Gegenstände Bestandteil eines Bildes werden, spricht man von einer „Assemblage".

Beliebt und attraktiv im Ergebnis ist stets das Einarbeiten von Fundstücken aller Art – und jeder Geschmacksrichtung. Wir stellen Ihnen auf dieser Seite ein paar typische Findlinge vor, die wir einerseits am Wegesrand aufgesammelt haben, die es andererseits aber auch zu kaufen gibt oder die aus dem Fundus des eigenen Hauses stammen.

Blatt, Rinde, Früchte und *goldener Stoff.*

Muscheln gehören *zu den beliebtesten Fund- und Sammelstücken.*

Schritt für Schritt
Wandobjekt

Eine weitere Assemblage bildet den Abschluss unseres kurzen Ausflugs in die experimentelle Malerei mit Acrylfarben. Malgründe sind zwei Holzrahmen mit unterschiedlichen Formen, die zudem zu einem Objekt kombiniert werden. Dort hinein platzieren wir Fundstücke aus der Natur. Wieder einmal ist der Aufwand, abgesehen vom Arrangement, gering – der Effekt dafür umso größer. Durch richtige Lichtführung verstärken Sie nach dem Aufhängen die räumliche Wirkung.

Material
Quadratischer Malgrund aus Buchenholz 40 x 40 cm, dreieckiger Malgrund aus Buchenholz 30 x 30 x 30 cm, Wandfarbe weiß, Flachpinsel 20 mm, Glas Wasser, Baumwolltuch oder Haushaltspapier, Palette, die Farben Karmesinrot und Krapprot dunkel, Steine, Baumrinde, Holzleim

 Karmesinrot

 Krapprot dunkel

1 Arrangieren Sie die einzelnen Elemente Ihres Objektes, nachdem Sie die Malgründe aus Holz zuvor weiß grundiert (Seite 17) und alles auf eine waagerechte Fläche gelegt haben. Beachten Sie dabei die bestmögliche Verteilung von Größen und Mengen und markieren Sie die Positionen mit Bleistift.

13 Experimente

2 Nehmen Sie die Objekte wieder auseinander und bemalen Sie das Quadrat mit Karmesinrot, das Dreieck mit Krapprot dunkel. Wiederholen Sie den Farbauftrag, wenn es notwendig ist. Die Markierungen bleiben zunächst weiterhin sichtbar.

3 Nach dem Trocknen der Farben kleben Sie zunächst das Dreieck, wie zuvor arrangiert und markiert, mit Holzleim in das Quadrat. Danach kleben Sie die Rindenstücke auf.

 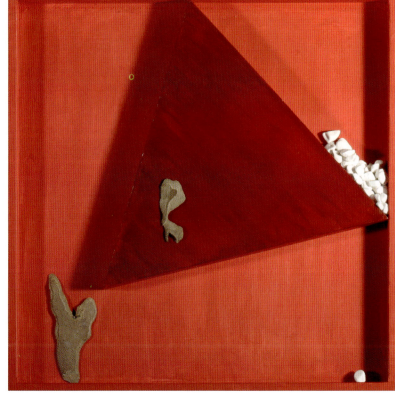

4 Wenn die aufgebrachten Objekte angetrocknet sind, stellen Sie den Objektrahmen senkrecht und kleben dann die Steine hinein.

5 Das Objekt ist fertig und bereit für die Präsentation.